조선시대 어린이 인문학

조선 지식인이 그린 어린이 문화 지도

일러두기

* 본문에 인용한 고전 문헌은 이 책의 맨 뒤에 정리한 〈참고문헌〉에 명시한 번역본을 참고했다. 그러나 부분적으로 필자가 재번역한 부분이 있다.
* 인용문 중에는 독자의 이해를 위해 필자가 의역하거나 윤문하고, 문장 배치와 단락 구분을 새로 하거나, 내용을 요약한 것이 있음을 밝힌다. 예컨대, 최한기의 『인정』을 인용할 때, 원문에는 하나의 단락으로 되어 있는 것을 읽기의 편의성을 위해 잠언의 형식으로 분절했고, 내용을 요약하여 제시했다.
* 본문의 고서 이미지는 실제로는 다른 펼침면이나, 이 책에서는 내용의 이해를 돕기 위해 한 펼침면 이미지로 만들기도 했다.

조선시대 어린이 인문학

조선 지식인이 그린 어린이 문화 지도

최기숙

열린어린이

서문

왜 어린이 인문학인가

학문적 대상으로서의 어린이

'어린이'라는 대상에 대해 학문적 관심을 가지고 글을 써 오면서 어느덧 '어린이'라는 관점에서 세상과 인간을 바라보는 시각을 갖게 되었다. 하나의 시각을 갖는다는 것은 하나의 책임감을 갖게 된다는 의미이기도 하다. 이것은 젠더 연구자로서 공부해 오면서, 일상을 살아가는 평범함 속에서 사람들의 관계와 가치관, 태도와 처신, 사회의 조직이나 일이 되어 가는 방향 등에 대해 젠더적 시각에서 생각할 수 있게 된 것과 유사한 경험이다. 어린이를 공부한다는 것은 어린이를 통해 인간과 세상을 사유할 수 있는 하나의 시각을 갖는다는 것에 머무르지 않고 그것을 학문하는 사람으로서 갖추어야 할 하나의 실천적 태도이자 사회 변화의 기준점으로 삼기 위해 노력해야 한다는 것을 의미한다.

어린이는 문화적 실체인 동시에, 하나의 시각이다

지난 겨울방학 동안 모처럼 몇 편의 영화를 보았다. 감독의 의도나 대중의 취향과는 전혀 다를 수도 있으나 '어린이'라는 키워드로 이 영화들을 생각해 보게 되었다. 「레 미제라블」「라이프 오브 파이」「7번방의 기적」 그리고 「베를린」. 이 네 편의 영화는 흥행영화라는 것 외에는 아무런 공통점이 없는 것 같고, 소재나 이야기도 전혀 다를뿐더러, 재미의 요소도 매우 다르다. 그러나 이 영화들은 저변에 21세기의 현실을 '피도 눈물도 없이 비정한 사회'로 전제하면서도 아직은 인간성이 완전히 없어진 것은 아니라는 가능성을 희망의 메시지로 담아내려 했다. 고전을 영화화한 것이나 인간과 동물, 또는 인간성과 동물성의 관계론을 은유적으로 보여주고 부정과 부패로 얼룩진 현대 사회의 모순을 마초적 느와르의 영화세계로 표현하는 가운데 드러난 것은 '감정'이야말로 '진정성'을 담보하는 유력한 키워드라는 점이었다. 무엇보다 어린이를 지키고 돌보는 행위를 통해 그 자신의 '인간됨'을 증명하려는 문화 논리에 의존해 있음을 발견할 수 있었다. (코제트를 조건 없이 돌보는 장발장은 성자이며, 7번방의 범죄자들은 감옥에서 예승이를 돌보고 지키는 행위를 통해 비로소 범죄자가 아닌 인간으로 조명된다. 첩보원이자 아내로서 아기를 임신했다는 사실은 부부이자 동료 관계의 불신을 넘어서는 매개적 신호가 된다. 그리고 파이. 파이는 파란 많은 항해를 통해 어린이에서 갑자기 성인으로 변화되는데, 그 둘은 마치 전혀 다른 사람인 것처럼 여겨질 정도의 화학 변이가 있다. 두 인물, 또는 세계의 차이는 우리가 기억하는 유년기와 실제로 경험한 유년기의 내용이 갖는 차이만큼이나 크고도 멀다.)

여기서 '어린이'는 전면화되어 나타나든 부재하든, 모종의 상징으로 등장하고 있었다. 말하자면 어린이는 보호하고 지켜야 할 순수와 진정의 상징으로 등장하거나, 범죄자들의 마음을 '녹이는' 인간다움의 매개로서 동원되었다. 그 때문에 어린이를 대상으로 한 범죄는 더할 수 없는 사회적 분노를 야기하며, 비리와 폭력, 음모가 얽힌 정보전과 난투극의 사회에서 어린이는 생물학적이든, 사회학적 맥락이든 간에, 존재 자체가 어려워진다.

어린이가 등장하거나 아예 등장하지 않는 영화의 세계에서도 '사유 대상'이나 '시선'으로서의 '어린이'는 존재할 수 있고, 존재하는 만큼 이를 의미화할 수 있는 가능성 또한 남아 있다. 그런 점에서 '어린이'는 분명한 문화적 실체인 동시에, 현실 사회에 대한 비판적 독해를 가능하게 하는 하나의 '시각'이다.

조선시대 어린이, 어린이 인문학

조선시대 어린이 인문학에 대해 쓰게 된 계기도 이와 유사하다. 조선시대에도 어린이는 분명히 존재했지만, 어린이에 대해 기록된 것들은 거의 없다. 현재 남아 있는 조선시대 문헌의 절대다수는 한문으로 기록된 것이며, 거의 대부분이 양반인 성인 남성이 쓴 것들이다. 따라서 여기에는 여성이라든가 하층민, 어린이에 관한 기록이 상대적으로 적다. 그중에서도 어린이에 대한 기록이 현저히 적은 것은, 조선시대에 '남길 만한' 글쓰기란 온전히 성인의 몫으로 간주되었기 때문이다. 따라서 문헌으로 기록된 것으로만 본다면 조선시대 어린이의 내면에 대해 현대의 한국인이 말할 수 있는 것은 거의 없다. 역사를 '기록' 너머의 실체로서 바라보고 재구성하며 독해해야 하는 이유이기도 하다.

인문학은 인간과 삶을 성찰하는 학문이자 태도이며, 사유이자 경험으로서의 시각이다. 오늘날 우리가 경험하는 현대 사회는 위에서 언급한 영화 속 세계와 다를 바 없다. 격동의, 모순과 비리로 점철된, 믿을 수 있는 존재가 아무도 없는, 비정하고 외로운 세계다. 일상에서 그런 사실은 좀처럼 말해지지 않지만(말하는 순간, 앞에서 듣는 바로 사람을 소외시키는 발언이 될뿐더러, 말하는 사람을 아직도 '프로페셔널하지 못한' '반(反/半)성인'으로 평가할 것이기에), 영화나 문학, 예술을 통해 그것은 언제나 고발된다. 재현 속에 고백이 있고, 고백 속에 비판이 있으며, 비판 속에 성찰이 있다.

현대의 인문학은 책임 있는 어른들의 몫으로 간주되는 경향이 있다. 인문학의 위기는 결국 교양 있는 지식인이 실천적으로 책임져야 할 일인 것처럼 간주된다. 그러나 인문학이란 결코 성인들의 전유물일 수 없으며, 인간 전체를 포함하는 인간학이라는 평범한 명제로부터 시작할 필요가 있다. 어린이를 세상과 사회, 인간을 보는 하나의 시각이자 태도로서 매개하여 조선시대 어린이 인문학에 관한 문화 지도를 그려 보려는 시도는 그렇게 시작되었다.

기록의 조각을 모아 조선시대 문화 지도를 퀼팅하기

조선시대 어린이의 삶과 문화에 대한 기록은 아직까지는 일종의 미발굴 탐색처로서, 관심을 가지고 발견해야 할 학적 위치에 처해 있다. 어린이에 '대해서 쓴' 글이 드물뿐더러, 어린이 자신이 '남긴 글' 또한 드물기 때문이다. 따라서 여기저기에 산재해 있는 어린이, 어린이기, 어린이 문화에 대한 편린을 모아서 일종의 문화 지도로 재구성할 필요가 있다. 그것은 마치 다양한 천조각의 귀퉁이를 잘라 퀼팅하는 작업과 유사하다. 그러나 문화 지도를 만들어 내는 퀼팅 작업은 결코 '여분'의 몫이 아니다. 그 과정과 결과 자체가 하나의 '장르'가 된다. 이것은 마이너리티 문화가 중심을 해체하는 주변부의 움직임을 보여주고, 주류 문화를 반성적으로 성찰하며 '공생'의 문화 문법에 기여하는 방법이기도 하다. 어린이 문화의 편린을 모아 조선시대 어린이 정체성에 대한 이해와 어린이 문화의 대략을 추산해 보고자 한 것은 이 때문이다.

어린이 인문학을 위하여

이 책에서는 조선시대 어린이 문화 지도를 재구하기 위해, 어린이 교육, 어린이 교양, 어린이의 일상문화, 어린이의 마음 등 몇 가지 키워드를 상정해 보았다. 조선시대에 어린이 교육은 인문학으로부터 출발했다는 발견을 통해, 오늘날 어린이 교육 문제를 전면적으로 재성찰할 수 있는 고전적 단서를 제출해 보고자 했다. 또한 조선시대에도 주류 문화나 교육 제도의 모순에 문제를 제기하고 대안 교육을 추구하려는 실천적 모색이 존재했음을 알리고자 했다. 이를 위해서 어린이를 인간문제라는 보편적 사유의 틀 속에서 재조명하려는 움직임이 있었음에 주목해 보았다. 어린이 교육이나 문화 정책이 종종 실패하는 것은 사회 전반의 문화나 태도의 변화가 수반되지 않았기 때문이라는 것을 조선시대에 어린이를 둘러싼 대안 교육을 제안한 실학자들의 모색을 통해 밝혀 보려 했던 것은 이 때문이다.

동시에 어린이란 하나의 단어이지만, 결코 하나의 층위일 수는 없는 복합적이고 중층적인 대상이라는 점을 강조해 보려고 했다. 조선시대 기록물을 통해 어린이의 젠더에 대해 생각해 보면서, 현대 어린이의 젠더 차이에 대해 생각해 볼 수 있는 하나의 시각을 제시해 보고 싶었다. 또한 동안 열풍이 일종의 생애 주기 산업으로 확산되는 현실을 조선시대 풍속지와 동심설을 통해 성찰해 보고자 했다. 어린이란 성인과 결별되는 하나의 단층이 아니라, 하나의 주체 안에 연속적으로 존재하면서 살아가는 생명활동이라는 관점을 고려했다.

현대의 어린이 문화

현대의 대중문화 속에서 어린이는 분명히 한 지분을 차지하고 있지만, 대부분 상업화되거나 어른들의 시선으로 조율되고 통제되고 있음을 부정하기 어렵다. 영화나 텔레비전 프로그램, 광고물을 통해, 우리가 어린이를 '통해' 이야기하며 나누고 있는 것은 무엇인가. 어른보다 어른스런 어린이, 순진하고 귀엽지만 때론 발칙하고 똑똑해서 어른을 깜짝 놀라게 하는 어린이는 여전히 호감의 대상이다. 그러나 어린이와 함께 하는 관계 속에서 어른의 삶, 태도, 시각이 달라지지 않는다면, 어린이는 여전히 문화적 소비의 대상이 되고 만다는 것을 인정하지 않을 수 없다. 교감과 소통 지향의 관계라면, 관계 맺기를 통해 작게나마 삶의 태도와 시선의 변화를 경험하기 마련이다. 하나의 '시각'으로서의 어린이라는 관점에서 현대 문화 속의 어린이를 살피고, 어린이라는 시각으로 본 인간과 사회를 재조명해 보려한 이유이기도 하다. 그리고 그 문화적 실험을 어린이와 어린이에 관한 기록물의 문화적 위치가 낮게 자리해 있던 조선시대로부터 출발해 보고자 했다.

책이 나오기까지

이 책의 글들은 2011년 1월부터 2년간 월간 『열린어린이』에 격월로 연재했던 비평을 수정하고 보완하여 엮은 것이다. 처음 비평의 연재를 제안해 주신 조원경 편집장님과 연재한 글을 책으로 만드는 데 애써 주신 편집부의 편은정 선생님께 감사를 전한다. 이 책은 어린이책과 문화를 사랑하는 사람들이 시차를 두고 만나 이룬 대화의 결실이다. 어린이다운 어떤 것이 각자의 마음과 삶 속에서 상처 없이, 때로는 그 어떤 상처에도 불구하고 소생하여 잘 살아가길 바란다. 그것을 지켜낸 사람이야말로 어떤 의미에서는 진정한 강자다.

서문 | 왜 어린이 인문학인가 • 4

··· 공부의 시작은 인문학으로부터

어린이 예절, 어린이 문화 규칙 _ 이덕무 『사소절』 「동규」 • 22
어린이의 생애 설계, 신체 규율, 일과 운영법 _ 『소학』 • 44
어린이 인문학 개론 _ 이이 『격몽요결』 • 66

2장 어린이 교양과 대안 교육
··· 어린이 교육을 위한 조선 지식인의 실천

어린이를 위한 실학 _ 최한기 『인정』 • 96
어린이 교양, 어린이 문화 기획 _ 장혼 『아희원람』 • 118
다산의 어린이 교육 문화 비평 _ 「천문평」 「사략평」 「통감절요평」 • 150

3장 문자화된 어린이, 어린이의 삶
··· 역사화된 어린이 문화의 진실과 이면

천재성의 빛과 그늘, 신동 이야기_문집에 기록된 천재 어린이 • 176
조선시대의 생애 가치와 어린이 삶의 기록_유재건 『이향견문록』 • 204
어린이와 젠더_유중림 『증보산림경제』 「가정」 • 232

4장 동심의 영원성, 나이 들기의 즐거움
··· 발견에서 확장으로, 신생하는 삶을 연습하기

동심의 유효 기간, 휴머니티의 경계_이지 「동심설」 • 254
설날의 어린이, 즐거운 나이 들기_유득공 『경도잡지』, 김매순 『열양세시기』 • 274

참고문헌 • 300

1장

어린이를 위한 인문학

·
·
·

공부의 시작은 인문학으로부터

어른이 어린이와 맺는 관계는 양자간에 평등을 전제로 하기보다는 어린이는 약하고 어리니까 어른이 보호하고 돌보는 게 마땅하다는 생각 속에서 이루어지는 편이다. 그 때문에 어린이에게 직접적으로 가하는 물리적·언어적 폭력성에는 민감한 반면, 어린이를 '위해서'라고 말하며 사랑과 보호의 형식으로 이루어지는 관계의 위계화와 그로 인한 관계의 불평등성과 일방성에 대해서는 거의 관심을 갖지 않는 편이다.

그런데 이런 관계는 어른이 다른 어른을 대하는 태도나 관점과는 전혀 다른 것이며, 인간관계라는 일반적 정의와도 차이가 있다. 여기에는 어린이를 어른의 라이프 파트너라고 생각하거나 동등한 관계 맺기의 대상으로 여기는 관점 자체가 개입되어 있지 않기 때문이며, 나아가 여전히 어린이를 '인간'이라는 범주의 외부로 돌리려는 생각의 관습이 작용하기 때문일 것이다. '인간'에 대한 일상화된 사유 방식이나 담론의 범주 속에서 '어린이'는 여전히 소외되거나 타자화된다.

어른이 어린이에 대해 갖는 보호와 돌봄을 제도적으로 정당화하는 개념이 교육이다. 그런데 어린이는 교육을 스스로 선택하기 이전에 어른들로부터 권유되며, 국가로부터 의무교육이라는 이름으로 강제된다. 물론 교육 자체가 갖는 효용을 부정하려는 것이 아니다. 다만, 교육을 권유하고 의무화해야 한다면, 교육을 권장하기 전에 먼저 교육하는 이로서의 태도와 자격을 스스로 되묻고 성찰해야 한다는 점을 제기하고 싶다.

어른이 어린이에 대해 갖는 일반적 태도가 교육이라면, 어른은 과연 어린이에게 무엇을 가르치고 있는 것일까? 자신을 교육 주체로 생각했을 때, 교육 내용보다 먼저 고려해야 할 것은, 과연 자신이 교육 주체로서의 자격을 가지고 있는가에 대한 질문일 것이다. 이것은 교사라든가 강사라든가 하는 제도적 인증의 문제가 아니라, 일상의 차원에서 어린이에게 무언가를 가르치려 할 때의 태도에 대해 스스로 던지는 자기 질문이다. 그리고 나서 무엇을 어떻게 가르칠 것인가, 그리고 그것은 과연 가르쳐질 수 있는 것인가를 질문할 때, 어린이를 대하는 어른의 태도에는 조그마한 휴지의 지점, 또는 완만한 고려의 지점이 생성된다.

어떤 관계든 상대에 대한 배려가 없이 제대로 유지되기는 어렵다. 인간관계만큼 '마음대로 되지 않는' 것은 없는 법인데, 애초에 누군가의 관계를 '마음대로 하려는' 생각 자체가 잘못된 것이라는 것을 망각하기 때문에, 상대에게 분노의 마음을 품게 되거나 자기모멸감에 빠지는 것이다. 어린이와의 관계에서도 어린이를 '어른의 마음대로' 주도하려 한다면, 그러면서 그것을 '사랑'이라든가 '교육'이라는 말로 관철시키려 한다면, 그 관계가 실패하게 되리라는 것은 자명한 일이다. 사람과 사람 사이의 관계에는, 말해진 것을 초과하는, 보여준 것을 넘어서는, 직감과 느낌의 소통 체계가 작용하기 때문이다.

어린이를 '위한' 교육이라고 말해지는 것들이 종종 효율적으로 발휘되지 않거나 역효과를 갖게 되는 것은, '어린이를 위한 것'이라고 말해진 것들이 사실은 다른 의도와 욕망들로 덮여 있기 때문일지도 모른다. 모든 관계는 관계의 내용에 앞서 태도와 마음가짐이 우선해야 한다. 아무리 형식적인 관계일지라도, 태도와 마음이 없이 성사되는 경우는 거의 존재하지 않으며, 상대를 배려하는 태도와 정성스런 마음이 있다면, 애초의 관계 내용을 초과하여 예상 밖의 결실을 맺는 경우도 종종 발견하게 된다. 어른들의 인간관계에서뿐만 아니라 어른과 어린이의 관계에 대해서도 더 많은 사회적 성찰과 논의가 필요하다고 보는 것은 이 때문이다.

그렇다면, 이제 무엇을 가르칠 것인가에 대해 생각해 보자. 어린이를 위한 교육을 생각할 때 한국 사회는 '조기교육'이라는 단어를 우선 떠올릴 만큼 '속도화 사회'로 진입한 지 오래이다. 경쟁일로(競爭一路)의 신자유주의는 어린이 교육, 어린이 문화, 어린이와 어른의 관계라는 전면에 파고들어 어린이 문화의 '피로도'를 높이고 있다. 그 때문에 한국 사회에서 더 이상 어린이의 삶은 자유롭고 낭만적인 유년기가 되지 못한다. 어쩌면 어른보다 더 바쁜 스케줄과 첨단 유행과 전자 기기로 장착된 자본주의-테크놀로지 사회의 범주를 벗어나지 않는다. 신자유주의 사회의 어른들이 경쟁사회에서 쟁투하는 동안, 어린이들도 결코 이러한 사회적 분위기로부터 자유로울 수 없다. 어른들이 스펙에 대해 갖는 스트레스만큼이나 어린이들도 부모와 선생님들로부터 요구 받는 능력에 대한 압박 때문에 피곤하기는 마찬가지다. 그리고 이런 어린이 문화의 현대적 특성은 교육에 대한 관점에서도 예외가 아니다.

  어린이를 위한 교육이라고 할 때, 제일 처음 떠올리는 것은 한글·숫자·알파벳 등, 세계를 이해하고 지식으로 재구성할 수 있는 기호적 도구에 대한 것들이다. 무언가를 배운다는 것은 결국 기호의 세계로 들어간다는 뜻이며, 상징계로 진입한다는 것을 뜻한다. 그러나 어린이는 한글이나 숫자, 영어 알파벳을 배우기 전에 이미 많은 것을 배우고 습득하고 있다. 기호의 세계를 일종의 지식으로 습득하기 전에 어린이는 살아가는 현장 속에서 경험적으로 삶의 감각을 배우고 익히며 내면화한다.

  어떤 것에 만족하고 행복을 느끼는지, 무엇이 재미있고 지루한지를 느끼면서 어린이는 '자기 자신에 대한 앎'을 만들어 간다. 그와 동시에 나의 어떤 행동이 상대(대개는 부모, 또는 양육자)를 기쁘게 하고 화나게 하는지를 미루어 터득하며 세계와 자신의 관계를 파악하게 된다. 그것은 몸으로 알아서 느끼고 반응하는 체험의 세계로서 온전히 자신의 감각과 경험으로 저장된다.

  어린이는 어른이 의식적으로 무언가를 가르치기 전부터, 스스로 세계를 알아 가면서 배움을 시작하고 있다. 어른의 몫은 아이가 무엇을 어떻게, 더 잘 배울 수 있는가를 고민하고 그 방법을 제안해 보는 데 있다. 그렇게 하기 위해서는 아이의 요구를 보다 풍부하게 수렴할 필요가 있다. 수용자가 원치 않는 것을 일방적으로 주는 것은 사랑과 보호가 아니라, 강요이자 폭력이 될 수 있기 때문이다.

배움은 어린이만의 몫이 아니다. 성장을 멈춘 어린이가 어른이 되는 것이 아니라, 배우지 않는 어른만이 더 이상 성장할 수 없다. 그리고 그 배움의 영역은 학교나 사회가 일방적으로 주는 것이 아니다. 나 스스로 찾아 익혀서 만들어 가야 한다.

인문학은 인간에 대한 학문이자, 인간다움이란 무엇인가에 대해 탐구하는 지적 모색의 장이다. 사람으로 태어나서 어떻게 살아야 할지를 생각하는 학문이며, 무엇을 추구하며 살아갈 것인가를 성찰하는 학문이기도 하다. 인문학은 성숙한 자의 지적 유희가 아니라 성숙을 지향하는 이들을 위한 성찰의 장이다. 그러므로 인문학은 결코 어른만의 몫일 수 없으며 어린이와 청소년, 성인과 노인, 세계와 환경까지 모두를 포함하는 보편 학문이다.

이 장에서는 인문학으로부터 공부를 시작했던 조선시대 지식인의 어린이 교육관과 어린이 교양에 대해 구체적인 텍스트를 대상으로 이야기해 보았다. 흔히들 물질문명과 경쟁주의가 만연한 현대 사회의 문제를 해결하기 위해서는 인문학적 전향을 해야 한다고 말한다. 인간에 대한 존중과 인간다움에 대한 이해를 배제시킨 성장, 성공, 출세 신화가 갖는 폐해를 치유하려면 인문학을 배우고 인문적 사고를 내면화해야 한다는 것이다. 그런데 그런 공부의 주체로는 대개 어른들만을 상정하는 듯하다.

인문학이 인간학이라면, 이것은 어른들만의 독점적인 학문일 수는 없다. 조선시대에는 어린이가 처음 학문을 배울 때, 인문학에 먼저 입문하게 했다. 그리고 어린이에게 무언가를 배우라고 강요하기 전에, 어른들 스스로도 배워야 할 것이 무엇인지를 먼저 생각하는 풍토가 마련되어 있었다. 조선시대에 어린이의 인권이나 주체적 인식이 오늘날처럼 뚜렷하지는 않았지만, 그렇다고 해서 전적으로 어린이를 무시했다거나 소홀히 대한 것은 아니었다. 그보다 어린이에 대한 존중이 다른 형식으로 존재하고 있었다고 볼 수 있다.

이 장에서는 조선시대 어린이 인문학과 어린이 교양에 관심을 둔 지식인의 글과 세계관, 태도에 주목함으로써, 어린이를 인문 주체로서 생각해 보는 기회를 가져 보려고 했다.

이덕무(李德懋) 1741년 태어나 1793년 세상을 떠났다. 조선 후기 문인이자 실학자이다. 자는 무관(懋官)이고 호는 아정(雅亭)·청장관(靑莊館)·형암(炯庵)·영처(嬰處) 등이다. 박제가·유득공·이서구와 함께 『건연집』이라는 시집을 내어 중국에 '사가시인'으로 알려지면서 문명을 날렸다. 북학파 실학자로서, 일명 백탑파로 알려진 박지원·박제가·홍대용 등과 교유하면서, 나이를 잊고 사귀는 망년지교를 즐겼다.

　서얼 출신으로 빈궁한 처지였으나, 총명하고 시문에 능했으며 책을 좋아하는 독서가였다. 일생 동안 책을 읽고 만들고 편찬하고 쓰는 일을 했다. 1778년(정조2년)에는 사은 겸 진주사인 심염조의 서장관 자격으로 청나라 연경에 갔다. 이때 기균·당악우·반정균·육비 등 청대의 석학들과 교유했다. 오는 길에 가져온 청대 고증학 서적에 심취했고, 이것이 저술 활동에도 영향을 미쳤다.

　1779년에 박제가·유득공·서이수 등과 함께 초대 규장각 외각검서관이 되어, 서적을 정리하고 교감하는 일을 했다. 서화와 공예 등에 예술적 자질이 풍부했다. 자신의 호를 제목으로 붙인 시집 『영처시고』와 산문집 『영처문고』 『영처잡고』를 비롯하여, 『이목구심서』 『사소절』 『뇌뢰낙락서』 『관독일기』 『앙엽기』 등의 저서를 남겼다.

어린이 예절, 어린이 문화 규칙

_이덕무 『사소절』 「동규」

어린이를 둘러싼 어른들의 복잡다단한 태도와 입장들

어린이를 둘러싼 어른들의 태도를 요약한다면 '사랑'과 '보호', 이 두 개의 단어를 둘러싸고 성운처럼 움직이는 무수한 '염려'가 아닐까. 어린이가 그저 자라나는 대로 지켜보는 것은 불안한 일이라기보다는 매우 용감한 일이 되어 버렸다. 물론 어린이를 지켜보는 일이 무관심이나 방치가 되지 않기 위해서는 반드시 '관심 있게 지켜보기'라는 단서 조항이 필요하다. 하지만 어른들이 생각하는 최선 형식의 사랑과 보호 속에서 어린이가 스스로 성장의 범주를 결정해 가기는 어렵다. 그것이 어린이가 행복하게 자라 성공한 모습이 되기를 바라는 어른들의 바람 때문이라는 것이 아이러니하다.

어른들은 언제나 내 아이가 잘 되기를 바란다. 이런 바람은 부모가 아이에게 자신의 경험과 지식을 나누어 주고, 아이의 성장에 자신의 경험과 지식을 반영하려는 생각과 실천을 정당화한다. 부모라는 혈연적 친권자, 법적 양육자로서의 자격과 조건은 이런 생각을 곧바로 실천하게 하는 실제적인 배경이 된다. 또한 어른들의 이런 발상은 아이보다 인생을 오래 살아온 선배이자 스승으로서의 배려라고 생각함으로써 힘을 얻는다. 어른이 경험과 지식으로 체득한 것을 아이가 빨리 수용할수록 아이는 쓸데없는 것을 시도하느라 낭비하는 시간을 줄이게 되니, 더 빨리 더 좋은 미래를 차지할 거라고 생각하는 것이다.

  어른의 입장에서 그 바람은 지지와 도움, 배려와 관심의 형식을 갖춘 기대나 소망으로 표현되지만, 어린이의 입장에서는 그런 바람이 항상 고맙거나 기꺼운 것만은 아닐 것이다. 보통 인간관계에서 상호성이나 수용자의 감정과 태도가 중요한 것과 달리 '어른과 아이', '부모와 자식' 관계는 어른이나 부모가 지닌 의도의 윤리성이나 정당성이 보다 우월하게 작용한다. 예컨대, 어른들 사이에서는 상호성이 존중되기 때문에 원치 않는 관심이나 일방적인 사랑을 당사자가 거부할 권리가 있고 사회적으로나 문화적으로, 그리고 법적으로도 이를 인정하고 있다. 그러나 어린이가 부모나 어른의 사랑, 배려, 관심을 거부할 자유나 권한에 대해서는 논하지 않는 편이다. 부모의 말을 잘 들을 때, 순응력이 뛰어난 아이라든가 수용적인 아이라고 하지 않고, '착한 아이'라고 말하는 언어적 착종도 이러한 문화에 한몫하고 있음이 분명하다.

　어린이에 대한 어른의 태도나 입장은 어른이 다른 일이나 대상에 대해 품게 되는 감정이나 생각처럼 매우 복잡하며 어떤 면에서는 매우 정치적이다. 어린이를 '위한다'는 의사 표현 속에 어른의 욕망과 의지를 투사하고 감춘다는 점에서 더더욱 그러하다. 특히 그 대상이 부모와 자식 관계이고, 가정이라는 범주로 한정되어 사회적 관심과 간섭으로부터 어느 정도 차단되어 있을 때, 어린이에게 행사되는 어른의 권력은 거의 절대적이다. 어린이에 대한 어른의 감정이나 태도의 영향력도 커질뿐더러 복잡성에 대한 은닉 정도도 증폭된다. 학원, 조기유학 등이 오로지 자식을 위한 결정만은 아니라는 사실이 학계에서 토론거리로 부각된 것도 오래된 일이다. 이것은 어린이를 둘러싸고 발생하는 일들이 단지 어린이라는 특정 연령 집단의 문제이거나, 한 사람의 유년기로 한정되지 않는다는 것을 보여준다.

　어린이를 대상으로 이루어지는 수많은 의사결정은 '어린이만을 위해' 또는 '자식만을 위해' 이루어지지 않는다. 거기에는 가족 관계의 복잡한 갈등 요소, 가족 구성원의 욕망의 문제, 젠더, 부모의 경제적 위치, 교육 정도, 성격, 심리적 성향, 가치관, 지역성 등 매우 중층적인 문제들이 얽혀 있다. 어떤 사안이라도 사회적인 의사결정을 내릴 때는 하나의 방향만이 단순하고 전일하게 작동하는 것이 아니다. 복잡다단한 이해관계와 중층적인 문제들이 얽혀 있으며 이것은 어린이

공부하는 학생처럼 보이는 두 아이를 선생처럼 보이는 노인이 내려다보고 있다. 전(傳) 신윤복, 「뒤뜰의 정경」, 조선 19세기, 국립중앙박물관

를 둘러싼 어른들의 태도나 의사결정에도 투사된다.

어린이 입장에서 그런 복잡한 어른의 심경과 무의식, 심지어 어른 자신도 명확하게 포착하기 어려운 생각을 헤아려서 적절히 대처한다는 것은 거의 불가능하다. 그러므로 어른과의 관계 속에서 어린이는 항상 불공평한 위치에 설 수밖에 없다. 그것이 어른의 '사랑'이라는 지고지순의 논리로 합리화될 때, 어린이가 어른의 심층적 의도나 무의식적 욕망을 헤아리는 것은 사실상 불가능해진다.

우리는 종종 사랑이라는 이름으로 행해지는 어떤 행동들이 당사자를 얼마나 불편하게 억압하며 피곤하게 만드는지를 잘 알고 있다. 그러면서도 어린이에 대해서는, 사랑이라는 이름으로 어른들이 아이들에게 행사하는 거의 모든 행동과 태도를 정당화하거나 쉽게 용인하는 편이다. 그러므로 어린이에 대해 생각하거나 어떤 의사를 표현해야 할 때, 그 자체가 순수하게 '어린이를 위한 것'이라는 말을 경계할 필요가 있다. 어린이에 대해 생각하고 말하는 어른들의 태도나 행위는 매우 정치적이며, 경우에 따라서는 매우 위험하고, 심지어 불온하기조차 하다.

『사소절』 어른이 된 남자와 여자, 그리고 아직 어린 존재를 위한 예의범절

18세기 조선시대 사대부 문인인 이덕무가 '선비의 소소한 예절'이라는 뜻에서 지은 『사소절士小節』은 현대 문화에서 어린이와 어른의 관계를 고려할 때 시사하는 바가 크다. 이 책은 총 924항으로 구성되어 있고, 체재상으로는 남자·여자·아이, 이렇게 세 장으로 이루어졌다. '선비의 예절'이라는 제목이지만, 사실은 '인간에게 필요한 예절'을 모두 포괄한다.

이덕무가 생각한 인간 예절에는 남녀의 성별 구분이 중요했으며 어른과 아이라는 기준이 또 다른 축으로서 작용했다. 물론 여기서 이덕무가 예절을 갖추어야 한다고 생각한 인간의 범주는 사대부 층으로 한정된다. 이것은 한문으로 글을 쓰고 읽던 당대의 지식층 이덕무의 역사·사회적 지위와 역할을 고려하며 수용해야 할 부분이다. 이덕무는 선비를 사회의 표준적 인간형으로 상정했기 때문에, 그 제목도 '사소절'로 정했다. 자연스러운 맥락에서 여자는 선비의 아내로서의 역할에 초점을 맞추었으며, 아이와 관련된 항목은 장차 선비로 자라날 남자아이를 염두에 두고 서술했다.

『사소절』의 첫 번째 장이자, 이 책에서 가장 큰 비중을 차지하고 있는 것은 「사전士典」이다. 이는 '선비의 모범'이라는 뜻이다. 모두 10개 절로 구성되었는데, 성품과 행실(性行)·옷차림과 음식(服食)·언어(言語)·행동과 처신(動止)·근신(勤愼)·배우고 익힘(敎習)·인륜(人倫)·인간관계(交接)·리더십(御下)·일상생활(事物) 등이 포함되어 있다. 사대부 양반이 일상에서 살아가며 지켜야 할 예절과 주의해야 할 대상을 섬세하게 지적하고 지침을 달아 놓았다.

두 번째는 '여자의 의례'라는 뜻을 담고 있는 「부의婦儀」다. 사실상 사대부의 아내가 지켜야 할 덕목을 지시하고 있다. 여기에는 성품과 행실·언어·옷차림과 음식·행동과 처신· 교육·제사(祭祀)·인륜·일상생활 등 8개의 절을 배치하였다. 남자는 알아야 하지만 여자는 몰라도 되는 것, 여자는 꼭 알아야 하지만 남자는 몰라도 되는 것 등이 무엇인지를 파악할 수 있는 안목은 이 책이 쓰이고 읽히던 시대로부터 역사적 거리를 확보한 현재 시점에서 얻어질 수 있는 소득이기도 하다.

세 번째가 바로 어린이를 다룬 「동규童規」다. 여기에는 행동과 처신·어른을 공경하기(敬長)·배우고 익힘(敎習)·일상생활 등 4개의 절을 두었다. '동규'란 현대어로는 어린이의 예절, 어린이의 규칙, 어린이의 문화 규범으로 번역할 수 있다. 물론 이덕무가 관심을 둔 것은 양반가의 어린이였다.

이덕무는 이 세 편을 각각 자기 자신과 아내, 그리고 자식들을 위해 지었다고 했다. 가정용으로 집필했지만, 이를 출발점으로 삼아 널리 읽히기를 바랐음은 물론이다. 선비·여자·어린이라는 세 편으로 구분해서 저술했다는 것은 곧 남자·여자·어린이가 지켜야 할 소소한 일상적 예의범절이 서로 다르다는 생각을 보여준다. 성별과 연령, 또는 세대에 따라 각자가 지켜야 할 '인간됨의 요건'이 다르다는 발상이 관여된 것이다. 물론 서로 공통되는 영역도 있다.

「사전」: 남자	「부의」: 여자	「동규」: 어린이
「사소절」의 각 장이 다루는 예의범절		
행동과 처신	행동과 처신	행동과 처신
일상생활	일상생활	일상생활
성품과 행실	성품과 행실	
옷차림과 음식	옷차림과 음식	
언어	언어	
인륜	인륜	
근신	교육	
배우고 익힘		배우고 익힘
인간관계	제사	어른을 공경하기
리더십	리더십	

 남자건 여자건 어린이건 간에 '행동과 처신', 그리고 '일상생활'에 대해서는 일정한 예의와 범절이 필요하다고 생각했다. 이것이야말로 인간이 알아야 할 필수 요소라고 본 것이다. 또 남자와 어린이는 모두 '배우고 익히는 일'이 중요하며, 배움과 익힘도 예에 맞게 해야 한다고 생각했다.

 그런데, 여자의 항목에는 '배우고 익히는 일'이 강조되어 있지 않다. 여성을 지적이고 사회적인 배움의 주체로 간주하지 않았던 시대상이 투영된 것이지 이덕무만의 특별한 시선으로 보기는 어렵다. 그와 달리 여성에게는 교육 항목을 두었는데, 주로 자녀를 가르치는 교육 행위에

士小節卷之八

完山　李德懋懋官甫　著
藁城　崔理瓝星玉甫　編

童規第三

天賦性悶或懇親遺身罔或忒一念慮咸有
則一動作咸有式整爾衣節厚食童無準長
從八撰童規

動止

童孺之象頽起不至浮橫渾樸不至屢腐不可了了
無餘蘊只可腴腕有長進

二八節　卷之八　童規　動止　一一

童子類多輕躁浮淺之習百行之不完全萬事之不
堅固皆由於此故易曰蒙養以正聖功也

童子類多急遽疾步長者隨見臨禁期於矯革可也
方讀書而門外雖有簫鼓之聲不可遽起而疾走也

童子稍長而躁心者或暫飢而索食甚病而善却
藥此亦乖戾之漸也

童子之性有辟於鮮新試影自嬌者此易入於奢汰
父母抑而矯之以儉使永矗樸之服也亦有亂頭

垢貌不修永帶此非儉也近於庸陋不足為賢父

尋抑而矯之以精使之洗濯整飭無至牽也

초점이 맞추어져 있다. 태교에서부터 아이를 가르칠 수 있는 어머니로서의 자질을 갖추어야 한다는 것이 여성 교육의 주요 항목이었다.

어린이 항목에서 주목할 것은 어린이에게만 필요한 예의범절, 또는 어린이 시기에 반드시 익혀야 할 범절로 '어른을 공경하기'를 선택했다는 점이다. 어린이도 사회적 존재이므로 '어린이의 인간관계'라는 넓은 범주를 두고 '어른을 대하기', '친구와 사귀기', '이웃과 사귀기', '모르는 사람을 대하기' 등의 세부 항목을 두었음직도 하지만, 이덕무가 어린이 생활에서 가장 필요한 부분이라고 생각했던 것은 '어른을 공경하기'였다. 이때의 어린이는 물론 사대부집 아이를 말하는 것이었고, 남자아이를 염두에 두고 있었다. 자라서 관리가 될 아이가 어려서 익혀야 할 예의범절을 고려했던 것이다.

「동규」 어린이를 위한 문화 규칙들

하늘이 내려준 성품을 조금도 사특하게 하지 말고, 어버이가 주신 몸을 조금이라도 어긋나게 하지 말라. 한 번 생각하는 데도 법칙이 있고, 한 번 동작하는 데도 법식이 있다. 너희는 옷을 단정하게 입고 먹는 것을 절제하여라. 어려서 규범이 없으면 자라서 더욱 비뚤어진다. 「동규」를 짓는다.   　　　　　　　　　　　　　「사소절」, 「동규」

이덕무는 어린이가 어려서부터 예절과 규범을 익혀서 올곧은 어른이 되기를 기대하는 마음을 담았다. 「동규」가 상정한 모범적인 어린이는 장난을 치지 않고 위험한 것을 멀리하는 어린이, 예의바르고 정직하며 우아한 아이, 한마디로 올바르고 어른스러운 어린이라 할 수 있다. 당시의 어린이에게 너무 큰 기대를 걸었고 무리한 것들을 요구했다고 볼 수 있지만, 요즘의 어른들이 어린이를 대하는 태도나 어린이에게 요구하는 바에 견주어 보면 크게 유별나지도 않다. 차이가 있다면, 조선시대에는 어린이에게 어른스런 인품과 태도를 요구한 데 비해, 현대의 부모들은 아이들에게 남다른 능력과 자질을 요구한다는 것 정도다.

그러나 이러한 차이점들의 배면에는 보다 근본적인 차이가 자리해 있다. 이덕무가 아이들에게 모범적인 모습을 기대하면서 어른들에게는 아무것도 요구하지 않은 것이 아니라, 어른인 남자와 여자에게도 그 이상의 덕목을 요구했다는 점이다. 이덕무는 어른을 어린이에 비해 완벽한 존재로 상정하지 않았으며 어린이는 무조건 배우는 대상이고 어른은 모두 교육자로서의 자격이 있다는 전제를 두지도 않았다. 그는 예의범절을 배우고 익혀야 할 대상으로 성인 남녀와 어린이 모두를 포괄했다.

이에 비해 현대의 어른들은 대부분, 스스로의 공부에 대해서는 면책권을 부여한 채, 아이들에게만 벅차고 부담스러운 교육적 질량을 요구하고 있다. 어른이 아이를 야단치기 전에 스스로 먼저 반성하고, 아이에게 공부를 요구하기 전에 자신의 공부를 점검하는 경우는 드물다. 문화 전반에 걸쳐 어린이에 대한 어른의 특권 의식이 작동하고 있음을 부정하기 어렵다.

『사소절』에서 이덕무는 어린이에게만 규범과 예절을 강조한 것이 아니라 성인 남자와 여자에 대해서도 그에 상응하거나 그 이상을 초과하는 수양과 배움을 강조했다. 어린이에게 어떻게 하라고 지시하기 이전에 자기 스스로 하지 말아야 할 것, 또는 어렵더라도 꼭 해야 할 것이 무엇인지를 먼저 챙겼다. 오늘날의 어른들이 이덕무의 『사소절』을 읽으며 주목할 점은, 어른에게 먼저 성찰을 요구했다는 점이며, 물론 그 자신에 대한 의무도 빼놓지 않았다는 점이다.

이덕무는 먼저 배우고 실천하려 했으며, 누구보다 먼저 스스로를 돌아보고 반성하려고 했다. 자식을 위해 산다고 말하면서 자식에 대한 기대와 요구를 정당화하는 현대의 어른들과는 다른 모습이다. 『사소절』이 단지 교양서가 아니라 인문서일 수 있는 것은, 교육과 수양의 대상으로 타인을 지목하기 이전에 스스로에게 그 화살을 돌리는 성찰성 때문이다. 이 책이 교육적으로 설득력을 갖는 진정한 배경이 여기에 있다.

「동규」의 서술은 대체로 '~해라', '~해야 한다', '~하지 마라'는 어투가 중심을 이룬다. 명령과 금지의 화법은 화자가 청자에 대해 비교

우위를 설정했다는 점에서 문제적이다. 그러나 이덕무는 이러한 지위 설정을 어린이에게로 한정하지 않았다. 어른이 된 남자와 여자도 해야 하고, 하지 말아야 할 것들이 많다고 생각했던 것이다.

어린이에 대한 조언 중에서 재미있는 몇 가지를 소개해 본다.

- 콧물을 소매로 닦거나, 뜰이 아무리 깨끗해도 맨발로 다니면, 추하고 경망하다.
- 놀기만을 즐기고 구속받기를 싫어해서, 항상 어른이 집에 없기를 바라는 것은 착한 마음씨가 아니다.
- 어른이 집에 없는 틈을 타서 친구들을 모아 시끄럽게 떠들며 못할 짓이 없이 놀다가, 어른의 기침 소리가 들리면 창문을 뚫어 엿보고는 발걸음 소리를 줄이고 목소리를 낮추며 억지로 글을 읽는 체한다. 그런다고 어른을 속일 수 있겠는가.

「사소절」, 「동규: 행동과 처신」

- 어른이 아이들과 부담 없이 시시덕거리며 지내면, 아이들은 두려워하는 바가 없으므로 점점 더 어리석어진다. 그러므로 이런 사람은 비록 글을 잘하고 재주가 있더라도 스승을 삼아서는 안 된다.
- 돈이 있거든 반드시 종이를 사고, 종이를 사거든 반드시 책을 만들고, 책을 만들거든 반드시 격언을 적어 두어서 항상 참고할 수 있도록 하라.

마당에서 개와 놀고 있는 아이의 모습이다. 아이의 자유분방한 표정과 자세가 점잖아 보이는 강아지와 묘한 대조를 이루고 있다.

신광현, 「개를 부르는 아이」, 조선, 국립중앙박물관

- 장기와 바둑을 일삼는 집의 아이는 글을 전혀 모르고, 과거공부만 일삼는 집의 아이는 의리를 전혀 모르니, 이것이야말로 세상에서 제일 안타까운 일이다. 「사소절」,「동규: 배우고 익힘」

  콧물을 소매로 닦거나 맨발로 뛰어다니는 아이, 어른들이 없을 때 친구를 불러 모아 신나게 노는 아이는 조선시대나 지금이나 변함없이 존재한다. 오락에 열중하는 아이는 공부를 안 해서 걱정이고, 시험공부만 하는 아이는 의리가 없어서 큰일이라는 평가도 오늘날과 다름이 없다. 자식에게 용돈을 주면 가장 먼저 책을 사는 데 썼으면 하고 바라는 부모 마음도 똑같다. 어른은 체신이 있어야지 아이들과 시시덕거리면 존경받지 못한다는 생각은 요즘의 눈높이 교육이나 친구 같은 부모라는 발상에는 맞지 않아 보인다. 하지만 아이들에게 존경받고 싶어 하는 어른의 마음은 변치 않았음을 알 수 있다.
  어린이에게 예의와 범절을 가르치는 일은 중요하다. 그것은 어린이가 '사람됨'을 배워 가는 일이며 타인에 대한 존중과 자기 배려를 익히는 일이다. 하지만 가르쳐준 대로 아이가 행동하지 않는다고 화를 내거나 속상해 하는 것은 어리석은 일이기에 앞서 부끄러운 일이다. 또 어른 스스로가 지키지 않으면서 아이에게만 어떤 것을 요구한다면, 아이는 결코 용납하지 않을 것이다. 아이는 어른들이 스스로에게 부여하는 예외조항이 부도덕하며 불공평하다는 것을 지적으로 판단

할 수는 없지만, 몸으로, 감성적으로, 그리고 직관적으로 깨달아 반응할 수 있다. 어른들은 아이들의 그와 같은 본능적인 반응이 불편해질 때, 아이는 어른의 말을 들어야 하며 반항해서는 안 된다고 엄포를 놓음으로써, 스스로의 부족함과 잘못을 감추고 보호하려는 경향이 있다.

이덕무의 『사소절』을 통해 배워야 할 것은 소소한 예절에 관한 하나하나의 구체적인 덕목이 아니라, 아이에게 무언가 충고하기 위해서 어른이 먼저 스스로를 향해 경계할 점이 없는지를 살피고 성찰하고자 했다는 점이다. 이덕무는 가르치는 주체로서 자신을 위계화하기 전에, 배우고 수양하는 자기 자신을 먼저 점검하고자 했다. 모든 관계란 신분·지위·성별·나이·경제력·학식 등, 그 어떠한 조건에도 불구하고 상호성이 전제되고 고려되어야 한다는 것을 조선시대 선비의 교양예절 인문서, 『사소절』을 통해 생각해 보았으면 한다.

인간 문제의 복잡성과 연동된 어린이기를 위한 성찰

어린이 담론은 어린이만의 세계나 시기로 한정될 수 없다. 그것은 어른과의 관계 속에서 재규정되어야 한다. 그리고 어른 자신에 대한 성찰과 숙고가 선행될 때 어른과 어린이는 담론에서 평등한 위치에 놓을 수 있다. 시대를 막론하고 어린이와 어른의 관계에서 언제나 어

선비에게는 항상 학문하고 그를 통해 수양하는 태도가 요구되었다. 그림 속 선비의 방에도 읽고 쓸 수 있는 문방구가 갖추어져 있다.

「조숙하 초상」, 조선 1871년, 국립중앙박물관

른이 우세한 위치를 점유해 왔다. 경제적·법적·문화적·지적·사회적·정치적으로 어린이가 어른과 대립할 때, 어린이가 어른을 이기는 경우는 드물다. 이러한 관계를 현실로 인정한다면, 어린이에 대한 어른의 태도나 관계에서 고려해야 할 것은, 어린이에 대해서 어른은 언제나 강자라는 사실이다. 강자로서의 어른이 약자인 어린이에게 갖추어야 할 태도는 배려와 돌봄이다. 공존과 공생과 같은 상생적 가치를 만들고 지키는 동안, 평화로운 관계를 맺어 이어갈 수 있는 것이다.

더구나, 근대 이후 이성을 중심으로 한 지식사회는 감성이나 감수성의 측정 기준을 만들고 가치를 부여하는 작업에 소홀했으며, 그 가치를 평가절하하는 풍토를 만들어 왔다. 학벌과 스펙이 중심이 되는 사회는 어린이기부터 교육적 자질을 오직 제도화된 학습 지표로 평가하고 생각하도록 종용해 왔다. 그런데 어린이와 어른을 지식이나 정보의 총량을 기준으로 서열화한다면, 어린이는 영원히 어른을 이길 수 없다. 처음부터 가치 기준이 어른으로 편향되었기 때문이다.

그러나 시간은 흐르고, 모든 어린이는 어른으로 성장한다. 누구나 어린이에서 어른으로 나이 들어가고 그것이 성장이라고 명명되는 한, 어른보다 많이 '부족한' 어린이는 '더 나은' 존재인 어른의 말을 듣는 것이 마땅해진다. 부족한 어린이기에는 보다 우월한 어른의 배려와 돌봄을 받을 수밖에 없고, 또 그렇게 했을 때 더 빠르고 훌륭하게 성장할 수 있다는 문화 논리가 작동하기 때문이다. 그리고 그러한 논리는 자신이 어른이 되었을 때, 어른으로서의 권한을 행사하는 자신을 반성하는 기회가 되는 것이 아니라, 오히려 그러한 기회를 정당화하는 자산으로 작용한다. 자신이 어린 시절에 어른들로부터 겪었던 불편부당한 행위와 시선을 망각하거나 사랑과 보호라는 이름으로 용인하면서, 어른의 어린이에 대한 관계를 되풀이하게 되는 것이다. 그 과정에서 어른이 어린이에게 주는 일방적인 사랑과 보호는 지나친 간섭이나 폭력이 아니라, 교육이라는 명목으로 승인된다.

그러나 지식이나 이성이 아닌, 감성이나 감수성이 인간의 가치나 능력을 평가하는 다른 기준으로 작동한다면 어른과 어린이의 관계는 현재와 다르게 위계화될 수도 있다. 교육 지표에 맞추어 자신을 길들여온 어른들이 감성이 메마르고 감수성은 무뎌지는 사례를 찾는 것은 어렵지 않다. 유연하고 열려 있는 마음과 정신을 간직한 어린이들은 감성의 차원에서 어른을 넘어서거나 어른과는 다른 성향과 반응을 보임으로써, 인간의 세계 전반을 확장시킬 수 있는 가능성을 보이고 있다. 그러나 이러한 능력과 자질을 읽어 내고 사회적 영향력으로 전환시킬 수 있는 기제들이 발달되어 있지 않다. 어린이 또는 어린이기를 둘러싸고 발생하는 다양한 문제들을 역사적·사회적으로 조망해야 할 이유이기도 하다.

이덕무는 어른의 관점에서, 사대부 남성의 시각에서 인간 예절에 관한 소소한 덕목을 구분하고 항목화했다. 이를 응용하여 어린이가 자신의 관점에서, 인간이 갖추어야 할 소소한 덕목들을 생각하고 서술해 보게 하는 것은 어떨까. 그리고 어린이를 둘러싼 다양한 관점과 어린이가 스스로 만든 관점을 대화, 소통, 쟁투시켜 보는 것이다. 어린이에게 교육과 학습 주체로서의 사회적 지위가 아니라 문화와 감성 주체로서의 몫을 되찾게 하는 것도 어린이보다 과분한 사회적 지위와 권한을 부여받은 어른의 몫일지도 모른다.

이덕무의 『사소절』을 당대의 교양 인문서로 상정할 수 있다면, 현대 사회에 필요한 인문교양이란 단지 많이 배웠거나 더 배우고자 하는 어른의 문제가 아니다. 인문교양은 사회적 주체의 다양성을 고려해서 사유하고 만들어 가야 하며, 이때 어린이의 목소리와 역할도 반드시 고려해야 한다. 그리고 사회 주체의 다양성을 고려한다면 교양의 내용이나 기준 자체가 완전히 달라질 수도 있음을 가정할 필요가 있다. 그런 의미에서 이덕무의 『사소절』은 아직 충분히 독해되지 않았으며, 고전의 비평적 독해 속에서 어린이에 대한 사고의 지평은 무한히 확장되고 심화될 수 있다는 가능성을 발견하게 된다. 『사소절』이 지어지고 읽힌 시대와는 전혀 다른 삶을 살아가는 현대 사회에서 어린이와 교양, 예절의 관련성을 생각하면서, 이 시대에 필요한 문화적 성찰의 지점을 찾아보려는 것은 이 때문이다.

어린이의 생애 설계,
신체 규율, 일과 운영법

_『소학』

어린이의 일상 규율

둥근 해가 떴습니다. 자리에서 일어나서
제일 먼저 이를 닦자. 윗니 아랫니 닦자.
세수할 때는 깨끗이, 이쪽 저쪽 목 닦고
머리 빗고 옷을 입고 거울을 봅니다.
꼭꼭 씹어 밥을 먹고, 가방 메고 인사하고
유치원(학교)에 갑니다. 씩씩하게 갑니다.

이 노래는 요즘 아이들의 부모 세대, 그 이전부터 불리던 것으로, 동요계의 고전이라고 해도 될 정도로 널리 알려져 있다. 어린 시절에 자연스럽게 배웠던 이 노랫말 속에는 어린이가 아침에 잠에서 깨어 유치원이나 학교에 가기까지의 일과가 촘촘하게 짜여 있다. 일어나서 이를 닦고 세수를 하는 자세한 방법, 머리를 단정하게 빗고서 외출복으로 갈아입은 뒤에 거울로 매무새를 확인하는 과정이라든가, 유치원이나 학교에 가기 전에는 반드시 아침밥을 먹어야 하며 가방을 스스로 챙겨 메고 부모님이나 어른께 인사를 드린 뒤에 집을 나서야 된다는 것, 이때에는 씩씩한 태도를 취하는 것이 좋다는 뉘앙스를 담고 있는 이 노래는, 어린이의 일상과 신체 규율에 대한 세세한 내용을 지시하고 있다. 뿐만 아니라 예의바른 어린이 생활의 전형을 '즐거운 오락'의 형식으로 전달하며 교육 효과를 발휘하고 있다.

그러나 제시간에 꾸물거리지 않고 잠자리에서 일어나 하루를 준비한다는 것은 어린이는 물론 어른에게도 쉽지 않다. 해가 떴다는 이유만으로, 깨워 주는 사람이나 자명종 없이, 자발적으로 일어나기 어려워하는 어른도 꽤 많다. 이 노래에는 이러한 어려움이 가볍게 빠져 있다. '착한 어린이'의 신체 규율에 대한 시선이 담겨 있다고 보는 것은 이러한 이유에서다.

묘하게도 이 노래는 어린이들에게 '함께 하자'고 청유하고 있지만 (또는 화자 자신이 이미 어린이의 입장을 대변하고 있지만), 사실은 선언적 명령의 형식을 취하고 있다. 그런 점에서 이 노래는 다분히 계몽적이다. 그런데 노래가 진행되는 과정에서 가사의 형식이 청유형을 취한 명령적 어조로부터, 어린이 자신이 자발적으로 행동하는 진술 형식으로 전환된다. '하자'형에서 '한다'형으로 바뀐 서술부는 그 주어를 '어른'으로부터 '어린이 자신'으로 이동시키고 있다. 이것은 외부에서 주어진 어른의 명령이, 어른의 어린이에 대한 관찰을 거쳐, 어린이 자신의 내면화로 이동하는 과정과도 같다.

이 노랫말이 지시하는 내용과 이것을 전달하는 서술부 구조의 변화는 어린이의 신체 규율과 일과가 어린이 자신이 자발적으로 선택한 것처럼 보일지라도, 사실은 어른의 훈육과 명령에 길들여진 결과임을 시사한다. 이 노랫말은 '씩씩한 어린이'를 가장 훌륭한 어린이의 태도로 제안하고 있는데, 이는 '씩씩하고 건강한', '긍정적이고 밝은' 어린이야말로 이 세상의 모든 어린이가 본받아야 할 지향점, 어린이의 모범이라는 의미를 생산하고 있다.

그러나 이 노랫말을 거꾸로 들여다보면, 어린이는 아침에 일찍 일어나는 것에 익숙하지 않으며, 이 닦는 것을 싫어하고, 스스로 청결을 유지하는 데 미숙하며, 어른이 대신 머리를 빗어 주기 일쑤인데다가, 아침밥 먹는 것을 그다지 좋아하지 않는다는 것을 짐작할 수 있다. '씩씩하게 갑니다'라는 가사는 유치원이나 학교란 어린이가 가고 싶어 하는 곳이 아닐 수 있다는 가능성을 원천봉쇄해 버린다. '학교(유치원) 가기 싫어하는 어린이'에 대한 암묵적인 비난과 질타를 함축하는 것이다. 노래가 단지 즐거움이나 미적 감동만이 아니라, 교육과 훈육의 기능도 가질 수 있음을 보여주는 사례이기도 하다.

『소학』에서의 어린이 신체 규율

어린이의 일과나 신체 규율에 대한 지시는 새삼스러운 현상이 아닙니다. 어린이의 사회화 과정은 어린이가 학교 제도에 익숙해지고 규율을 내면화하는 과정으로 압축된다. 학교란 어린이가 사회적 존재로서의 자아를 확립하는 과정을 교육 과정으로 훈육하고 실천하게 하는, 가장 일반화된 기관이자, 명실상부한 국민 교육 기관이다. 학교 교육에서 강조하는 자아의 성숙이나 정체성의 완성이라는 개념에는 다분히 기성 사회에 대한 적응, 국민 형성이라는 의미가 함축되어 있다. 이러한 것은 전통 시기에도 존재한 것으로, 결코 근대적인 학교 제도가 성립된 이후로 한정하여 논의할 수 있는 문제가 아니다.

- 「내칙(內則)」에 이렇게 적혔다. 아들이 부모를 섬길 때는 닭이 처음 울면 세수하고, 양치질하고, 머리를 빗고, 검은 비단으로 머리털을 싸매고, 비녀 꽂고, 비단으로 머리를 묶어서 상투를 장식하고, 다팔머리 위의 먼지를 털고, 관(冠)을 쓰고 관 끈을 드리우고, 현단복(玄端服: 선비들이 입는 예복)을 입고, 슬갑(膝甲:추위를 막기 위해 바지 위에다 무릎까지 내려오게 껴입는 옷)을 착용하고, 큰 띠를 띠고 홀을 꽂고, 왼쪽과 오른쪽에 쓸 물건들을 차고, 행전을 치고, 신을 신고, 신 끈을 맨다.

- 며느리가 시부모를 섬길 때도 부모를 섬기는 것과 같이 한다. 닭이 처음 울면 세수하고, 양치질하고, 머리 빗고, 검은 비단으로 머리를 싸서 쪽 찌고, 비녀를 꽂고, 비단으로 머리를 묶어 쪽을 장식하고, 옷을 입고 큰 띠를 띠고, 왼쪽과 오른쪽에 쓸 물건들을 차고, 향(香)이 든 주머니를 차고, 신을 신고, 신 끈을 맨다.
- 남자와 여자 중에서 아직 관을 쓰지 않고 비녀를 꽂지 않은 이는 닭이 처음 울면, 모두 세수하고 양치질하고, 머리 빗고 검은 비단으로 머리를 싸매고, 다팔머리 위의 먼지를 털고, 향기 나는 물건을 찬다. 먼동이 틀 때 아침 문안을 드린다. "무엇을 드셨습니까?"라고 여쭈어서 이미 드셨으면 물러 나오고, 아직 드시지 않았으면 어른들을 도와서 음식 준비를 보살핀다.
- 안팎의 모든 사람들은 닭이 처음 울면 모두 양치질을 하고, 세수하고 옷 입고 베개와 잠자리를 걷는다. 방과 마루와 뜰을 소제하고 자리를 펴 놓는다. 그런 뒤에 각자 자기 일을 한다.

『소학』, 「명륜明倫: 부모와 자식의 관계父子之親」

위에 인용한 『소학小學』의 내용은 「둥근 해가 떴습니다」의 노랫말과 놀랄 만큼 유사하다. 구태여 『소학』의 내용을 직접 반영한 것이 아니더라도 『소학』의 내용이 이미 일상 의례의 중심으로 작동해 온 문화적 전통에 익숙해졌기 때문이라고 해석할 여지가 충분하다. 머리단장

『소학』은 어린이를 위한 수신서이다. 조선시대에 교육서로 널리 읽혔다. 중종 때는 김안국이 『소학』을 한글로 번역한 『소학언해』를 펴냈다.

「소학」 표지, 조선, 국립중앙박물관

이나 옷차림은 오늘날과 다르지만 차림새에 대한 세세한 정보를 제시해, 예와 격식에 맞게 하루를 시작하는 것도 위의 동요와 다르지 않다. 아침에 일어나서 몸을 깨끗이 하고 매무새를 다듬는 세세한 과정이 비슷한데, 다만 동요에서는 이를 학교(유치원)에 가기 위한 몸가짐으로 처리한 데 비해, 『소학』에서는 (시)부모님에 대한 문안 인사를 드리는 수순으로 한정했다는 차이가 있다. 이것은 조선시대에는 가정이 일상생활의 현장이자 교육의 중심 역할을 했으므로, 예(禮)의 출발 지점도 가정일 수밖에 없다는 역사적 문맥의 소산이다.

동요와 『소학』의 차이를 비교하며 가정의례가 예와 일상생활 규범이 되었던 전통 시기의 생활 양식이, 근대에 이르러서는 학교 규범으로 이동했음을 파악할 수 있다.[1] 양자 사이에는 오락과 교육, 유희와 규범이라는 차이와 더불어 어린이 교육이 딱딱한 훈육에서 놀이라는 유연한 형식으로 바뀌었다는 점에도 불구하고, 여전히 어린이의 신체를 규율하고 일상생활을 통제하려는 규범성에서 벗어나지 않았음을 보여준다.

---

[1] 근대의 문화적 특성을 이전 시기, 소위 전근대와 차별화하려는 연구가 많다. 근대와 이전 시기의 연속성에 대해 주목할 필요가 있음에도 불구하고, 이를 배제하거나 누락시킨 데는 학문 담론의 획일성, 근대를 특정하게 차별화하려는 학문 집단의 성향, 그리고 이러한 논의의 토대를 제공하고 확산시킨 대학 제도 등의 영향이 크다. 이에 대해서는 여기서 상세히 논하지 않는다.

어린이 교육의 입문서 『소학』의 문화적 위치

『소학』은 전통 시기에 교육의 입문서 역할을 했던 책이다. 말하자면 글을 배우는 아이가 초기에 배우던 교재였다. 사대부 집안에서는 8세 정도가 되면 『소학』을 가르쳤으니 요즘의 초등학교 1학년 정도가 배웠던 교재라고 보아도 무리가 없다.

그런데 『소학』의 내용을 보면 8세 정도의 어린이가 소화하기에 난해해 보이는 내용이 꽤 많다. 전 생애를 대상으로 삼고 있어서 어린이가 읽기에는 다소 성숙하고 전문적이라고 할 여지도 충분하다.

이것은 전통 시기의 어린이관이 오늘날과는 달랐기 때문이다. 물론 『소학』을 편제할 때 어린이도 읽을 수 있는 독서물이라는 눈높이를 의식하고 있었음은 분명하다. 그러나 전통 시기에는 어린이를 예비 어른 정도로 상정했다. 따라서 어린이 독서물이라고 해도 인생 전반의 문제, 역사와 문명에 관한 일반론적 견해를 압축하여 담아야 한다는 저작의식, 또는 편찬의식이 작용했음을 고려할 필요가 있다.[2] 어린이가 한자를 익히는 교본이었던 『천자문千字文』도 천지만물과 우주 작동의 원리라는 철학적인 내용으로 이루어져 있음을 떠

---

[2] 저작의식과 편찬의식을 구분한 것은 『소학』이 중국 송나라 주희(朱熹, 1130~1200)가 엮은 것이라고 전하지만, 사실은 그의 제자 유자징(劉子澄)이 주희의 지시에 따라 여러 경전에서 어린이들을 교화할 수 있는 일상의 규범과 수양의 요체에 관한 문장을 모아 편찬한 것이라는 학설이 유력하기 때문이다.

올려 본다면, 『소학』의 인륜적 측면과 인문학적 성찰의 내용에 대한 의문이 다소 풀릴 것이다.

앞서 인용한 『소학』의 일부 내용도 이 책이 단지 어린이만을 대상으로 하지 않았으며 성인 남성과 성인 여성에 관한 지침도 담고 있음을 먼저 이해할 필요가 있다. 비록 어린이를 대상으로 한 교육 서적이었지만 어린이들이 알아야 할 세계가 오로지 '어린이의 세계'로 한정된다는 전제를 두지 않았다. 어린이가 알아야 하고 배워야 할 지식이나 규범은 인간 문제 전반, 한 사람의 전 생애에 대한 것, 나아가 역사 전반이라는 인식을 전제로 했던 것이다. 그러므로 『소학』은 인간, 삶, 역사를 두루 익히고 내면화하는 인문 지식 입문서로서 문화적 위치를 차지하고 있었다. 어린이 교육 입문서였으나 어린이 세계라는 배타적 영역을 설정하지 않았기에 가능했던 것이다.

어린이가 알아야 할 인생 운영법, 인생 설계도

『소학』에서는 사람이 일생 동안 이룩해야 할 인생의 설계를 연령대별로 제시함으로써 일종의 '표준적 삶'에 대한 규범을 제안하고 있다. 『소학』에서의 이러한 생애 설계에 대한 언급은 인생에서 꼭 이루어야 할 삶의 내용이나 방향을 지시하는 일종의 규범이 되었다. 그럼으로써 유교 전통이 지배하던 조선시대 사람들의 생애 내용에 실질적으로 영향력을 발휘했다.

『소학』이 제안한 인생 설계도는 연령대에 따라 반드시 배우고 이루어야 할 내용이 존재한다는 발상을 전제로 삼고 있다. 그리고 이를 따랐을 때 사회적으로나 역사적으로 인정받을 수 있다는 문화적 의미를 생산했다. 생애 내역에 대한 설계는 성별에 따라 각기 다른 내용으로 채워져 있다.

- 아이가 밥을 먹게 되면 오른손으로 먹도록 가르친다. 말을 하게 되면 남자아이는 빨리 대답하고 여자아이는 느리게 대답하게 한다. 남자아이의 띠는 가죽으로, 여자아이의 띠는 실로 한다.
- 여섯 살이 되면 숫자와 방위의 이름을 가르친다.
- 일곱 살이 되면 남자아이와 여자아이가 자리를 같이하지 않게 하며, 음식도 함께 먹지 않게 한다.
- 여덟 살이 되면 들어가고 나갈 때, 모임의 자리에 나아갈 때, 그리고 음식을 먹을 때는 반드시 어른보다 나중에 하게 하여 사양하는 도리를 가르친다.
- 아홉 살이 되면 날짜 세는 것을 가르친다.
- 열 살이 되면 스승을 찾아가서 배우고, 바깥방에서 거처하고 잠자며, 글씨와 셈을 배우게 한다. 명주 저고리와 바지를 입히지 않으며,[3] 예절은 초보적인 것에 따르게 한다. 아침저녁으로 어린이로

서의 예의를 배우게 하되, 간단하고 알기 쉬운 것부터 익히게 한다.
- 열세 살이 되면 음악을 배우고 시를 외며, 작(勺)⁴으로 춤추게 한다.
- 열다섯 살이 되면 상(象)⁴으로 춤추고, 활쏘기와 말타기를 배우게 한다.
- 스무 살이 되면 관례를 하고 비로소 예를 배우며, 갖옷과 명주옷을 입을 수 있다. 대하(大夏)⁴를 춤추며 효제(孝悌)를 돈독히 행한다. 널리 배울 뿐, 남을 가르치지는 않으며 덕을 속에 쌓을 뿐, 겉으로 드러내지 않는다.
- 서른 살이 되면 아내를 맞이하여 비로소 한 남자로서의 일을 처리하며, 널리 배우고 벗과 조화롭게 사귀며 그 뜻을 본다.
- 마흔 살이 되면 비로소 벼슬길에 오르며, 일에 대하여 계책을 낸다. 도에 부합하면 복종하고 그렇지 않으면 떠난다.
- 쉰 살이 되면 대부에 임명되어 관리로서 정사를 맡는다.
- 일흔 살이 되면 벼슬을 그만두고 물러난다. 『소학』, 「입교立教」

3 비단 저고리와 바지를 입히지 않는 이유는 너무 따뜻하기 때문이다.
4 작과 상과 대하 작은 『시경詩經』, 「주송周頌」 편의 '작(酌)'이라는 시를 말한다. 이 시에 맞추어 춤을 추는데, 이 춤을 '문무(文舞)'라고 한다. 춤을 출 때는 잔을 들고 춘다. 상은 『시경』, 「주송」 편 '무(武)'라는 시를 말한다. 이 시에 맞추어 추는 춤을 무무(武舞)라고 한다. 춤출 때는 창이나 방패 등 무기를 손에 잡고 춘다. '대하'란 하(夏)나라 우왕(禹王)의 음악으로, 문무(文武)를 겸비한 음악을 말한다.

과거 시험에 장원 급제한 사람은 사흘 동안 돌아다니며 채점관, 선배, 친족을 방문하고 축하 잔치를 하였다. 이를 삼일유가라 하였다.

전 김홍도, 「평생도」 중, 조선 18세기, 국립중앙박물관

『소학』이 제기한 남성의 생애는 사회 진출을 통한 입신양명에 초점을 두고 설계되었다. 이는 대체로 마흔 살까지인데, 그렇다면 남성은 마흔 살이 되기까지 배워야 할 내용이라든가 생애 규범에 대한 인식이 나이대에 따라 나누어져 있다고 볼 수 있다. 엄밀히 말하면, 남성에 대한 행동 규약이 엄격했으며 이는 주로 입신양명을 전제로 한 배움의 형태로 나타났다.

남성이 사회에서 자신의 자리를 찾기 위해 배워야 할 내용은 매우 세세하다. 여기에는 사회적 시선도 관여되어 있다. 오른손으로 밥을 먹도록 가르쳐야 한다는 내용에는 왼손잡이에 대한 사회적 편견과 차별의 시선이, 어른의 질문에 대답할 때 남자아이는 빨리, 여자아이는 느리게 해야 한다는 발상에는 발언권에 대한 남성의 우선권이 전제되어 있다. 여덟 살에는 어른이 아이보다 문화적으로 우위에 있다는 서열 의식을 정식으로 배웠다. 열세 살부터는 교양인으로 성장하기 위해 예술과 문화적 소양을 갖출 수 있는 문화적 기회를 가질 수 있었다. 남자아이에게 허용되었던 문화적 기회가 여자아이들에게는 차단되었음은 물론이다.

- 여자아이는 열 살이 되면 집 밖에 나가지 않는다. 부모가 유순한 말씨와 태도, 남의 말을 잘 듣고 순종하는 태도를 가르친다. 삼베를 짜며 누에를 쳐서 실을 뽑아 명주를 짜고 실띠를 짜는 등 여

자가 하는 일을 배워서 의복을 제공하게 한다. 제사에 참관하여 어른을 거들어 술, 식초, 대나무 제기, 나무 제기, 김치와 젓갈 같은 제물 올리는 일을 돕게 한다.
- 열다섯 살이면 비녀를 꽂는다.
- 스무 살이 되면 시집을 가는데, 부모님의 상을 당한 경우에는 3년 상을 마치고 스물세 살에 간다. 예절을 갖추어서 맞이하면 아내가 되고, 그렇게 하지 않으면 첩이 된다. 「소학」, 「입교」

남자의 생애 설계가 상세하고 나이대에 따라 배워야 할 내용이 뚜렷한 데 비해, 여자의 생애 내용은 간단히 처리한 점이 대조적이다. 남자아이를 위한 교육 설계가 주로 사회적 진출에 초점이 맞춰진 데 비해, 여자의 생애 설계는 오직 혼인에 맞춰져 있다는 점도 다르다. 남자의 생애 설계는 요즘의 정년퇴직에 해당하는 일흔 살까지가 언급된 데 비해, 여자의 생애 설계는 스무 살에서 스물세 살 사이에 끝이 난다. 혼인 이후 여자의 삶은 아내와 어머니, 며느리의 자격으로 한정된다고 생각했기 때문이다. 재고의 여지가 없었다.

이런 전제 속에서 『소학』은 여성의 교육 내용으로서 결혼 생활에 필요한 아내, 며느리, 어머니로서의 역할만을 언급했다. 그 내용은 대체로 살림살이, 제사 등으로 채워져 있다. 이러한 자질을 익혀 혼인하면 여성의 삶은 그 안에서 완결된다는 발상인 것이다. 남성의 생애 목

평생도 중 혼례 장면이다. 신랑이 신부집에 가서 식을 올리고 신부를 데려오는 것을 친영이라 하였다.
전 김홍도, 「평생도」, 중, 조선 18세기, 국립중앙박물관

적이 입신양명이라면 여성의 생애 목적은 결혼이라고 생각했다. 그래서 목적 지점인 결혼에 도달하기까지는 상세하게 서술하고 그 이후는 간단히 처리했다. 혼인 이후의 여성의 삶, 다시 말해 아내와 며느리로서의 역할과 도리, 출산과 육아, 자녀 교육을 맡은 어머니의 역할에 관해서는 『내훈(內訓)』이나 『여사서(女四書)』 등의 저서를 통해 별도의 교육 지침을 마련해 두었다.

생애 규범이 갖는 문화적 함의의 양가성: 삶의 전범화(典範化)와 개인적 삶의 통제

『소학』이 제안한 남녀의 생애 설계라는 발상이, 『소학』이 영향력을 행사하던 시대와 달리 오늘날의 실상과는 부합하지 않는다. 오늘날에는 사람이라면 이렇게 살아야 한다는 식의 일률적인 생애 규범이 절대적인 효력을 갖지 않는다. 어떤 삶이 더 가치 있다고 말하기 어려운 다양성의 시대를 살고 있기 때문이다.

그러나 현대 사회에도 여전히 생애 규범이라는 관념이 삶의 형식과 내용에 영향을 주고 있음을 아예 부인하기는 어렵다. 7~8세가 되면 초등학교에 입학해야 하고, 중학교 과정까지는 이수해야 한다는 국민국가의 규약을 준수해야 한다. 그 외에도 일정한 연령이 되면 결혼을 해야 하고, 결혼하면 아이를 낳아야 한다는 사회적 규범이 여전히 효력을 발휘하고 있다. 남녀의 양성 평등 담론이 일반화되었음에도 불구하고 남자와 여자의 일이나 역할이 구분되며, 남녀 학생에 대한 사회적 시선의 편차도 존재한다. 말하자면 생애 설계에 대한 모종의 표준적 규약과 성별에 대한 차이의 시선이 여전히 문화 권력으로서의 힘을 발휘하고 있는 것이다. 재미있게도 이런 현상은 '가족주의'와 결부되어 여전히 사회적 영향력을 발휘하고 있다. 예컨대 명절에 가장 피하고 싶은 친척들의 질문과 이에 대한 한국인의 반응을 환기해 보라. 어느 대학에 갔는지, 결혼은 언제 하는지, 아이는 언제 가질지, 승진은 했는지 등이 명절을 피곤하게 만드는 친척들의 질문으로 꼽히는데, 모두 생애 주기에 따른 평균적 삶에 대한 질문에 해당한다. 질문하는 이들은 이것이 한국인의 평균적 삶이므로 물어도 된다고 생각하지만, 받는 입장에서는 생애의 규격화, 획일화와 관련되므로 개인성은 배제되고, 사생활에 대한 사회적 규약을 강요받는 불편한 질문이자 '실례'라고 여기게 된다.

  물론, 현대 사회에서는 이러한 일률적인 규범성이 갖는 문화적 영향력을 일종의 폭력으로 간주하면서 이에 대한 저항을 시도한다. 대안적 삶의 가치를 존중해야 한다는 목소리도 높아지고 있다. 그러나 '스무 살에 알았더라면 좋았을 것들'이라거나 '삼십대에 이루지 못하면 후회하는 일', '사십대에 하지 않으면 안 될 일들'이라는 표제의 서적들은 비록 저자 개인의 체험에서 우러난 사적인 제안이라고는 해

조선시대 사람들은 어떤 삶을 본보기로 삼았을까? 곽자의의 삶은 조선시대 사람들이 따르려 했던 생애 가운데 하나였을 것이다. 곽자의는 당나라 사람으로 안록산의 난을 평정한 공으로 부귀영화를 누렸다. 그는 자손이 번창하고 장수를 누린 것으로 유명해, 복을 갖춘 장수(福壽)의 상징적인 인물로 알려졌다. 후대 사람들은 그의 삶을 이상적으로 여기고, 그처럼 부귀영화와 장수를 누리기를 바라며 그 내용을 그림으로 그려 환갑잔치에 장식 병풍으로 사용했다. 「곽분양행락도」중, 조선 19세기 후반, 국립민속박물관도, 일정한 연령대에 반드시 해야 할 일들이 있다는 발상을 전제로 삼고 있다. 근원적으로 『소학』이 보여주는 생애 설계의 개념이 여전히 대중에게 큰 영향력을 발휘하고 있는 것이다.

어린이 스스로 만드는 인생 설계와 시간표

현대 사회에는 『소학』이 더 이상 절대적인 일상 규범으로 작용하지는 않는다. 그러나 고전으로서는 여전히 인정받고 있다. 가정 윤리나 인간관계론, 심성에 대한 이해와 수양의 도리에 관해서는 숙고하여 귀담아둘 내용을 담보하고 있기 때문이다. 변화하는 시대에도 불구하고 불변의 보편적 요소를 담고 있기 때문에, 읽고 참조할 만한 고전으로서의 지위를 확보하게 되는 것이다.

그러나 고전의 가치는 단지 불변의 요소 때문에 확보되는 것만은 아니다. 고전을 현대 사회, 또는 현재성을 이해하는 하나의 저울추나 거울로 삼았을 때, 고전과 현대의 거리에 대한 이해가 생겨나고, 그로써 고전은 현재성을 보다 잘 이해할 수 있는 바탕이나 준거로서의 의미를 갖게 된다. 고전 읽기를 통해 인생의 규범이나 생애 설계를 둘러싼 통념이 시대나 역사에 따라 달라질 수 있고, 또 달라질 수밖에 없음을 알게 된다. 그리고 그러한 통념이 어떻게 달라져야 하는지, 이 시대에도 그러한 규범이 과연 필요한지에 대해 근원적으로 성찰해 보는 기회가 마련된다. 고전의 가치는 이러한 성찰의 기회, 다시 말해 과거와 현재, 역사와 현실의 거리와 차이를 경험하게 하는 바로 그 지점에서 생성될 수 있을 것이다.

『소학』의 체제, 구성 원리, 이념을 이야기하며 현대의 어린이에게 제안하고 싶은 것은, 어린이 스스로 자신의 인생을 설계해 보고 자신의 일과를 자유롭게 생각하고 꿈꿀 기회를 가져 보았으면 하는 점이다. 이는 하얀 도화지에 컴퍼스로 커다란 원을 그린 뒤에 반듯한 자로 여러 개의 시간 분할 선을 그어, 누가 보기에도 무리한 방학시간표를 짜는 식의 '계획 세우기'와는 다른 경험이 되었으면 한다. 컴퍼스와 자로 원 안에 선을 긋고 그 안에 계획 내용을 적는 순간, 절대로 지킬 수 없으리라는 것을 직감하면서도 무리한 규범을 세우고, 이를 지키지 못하는 자기 자신에 대한 자괴감과 죄책감을 짊어지게 하는 대신, 어린이가 스스로 원하는 생활 방식이나 활동과 지향성을 설계해 보고 나아가 자신의 인생을 스스로 상상하는 가운데 삶의 가치와 의미를 발견해 보는 것, 그리고 그것을 타인에게도 진지하게 설명할 기회를 갖게 하는 것, 그것이 『소학』을 통해 경험할 수 있는 또 다른 고전 읽기의 체험이 될 수 있기를 고대해 본다.

이이(李珥) 1536년 태어나 1584년 세상을 떠났다. 조선 중기의 학자이자 정치가이다. 자는 숙헌(叔獻), 호는 율곡(栗谷)·석담(石潭)·우재(愚齋)다. 사헌부 감찰을 지낸 이원수와 사임당 신씨의 셋째 아들로, 외가가 있던 강원도 강릉에서 태어났다.

1548년(명종3년)에 13세의 나이로 진사시에 합격했고, 22세에 이황을 찾아가 성리학에 관한 담론을 나누었다. 1558년에 장원급제한 뒤로, 줄곧 아홉 차례의 과거에서 장원을 하여 구도장원공이라고 불렸다. 대과에 급제한 1564년에 정6품 호조좌랑으로 관직에 나선 뒤에, 예조와 이조의 좌랑을 거쳐, 왕에 대한 간쟁과 논박을 담당하던 사간원 정언과 사헌부 지평 등의 대간의 직위에 오르고, 대제학을 지냈다.

홍문관 부제학 시절에 선조에게 제왕학의 지침서인 『성학집요』를 지어 제출했다. 1577년(선조10년)에는 관직에서 물러나 해주로 낙향하여 어린이 교육을 위해 『격몽요결』을 편찬했다. 이 책은 20세에 스스로를 경계하기 위해 쓴 글인 「자경문」과 더불어 그의 교육 철학과 사상의 기초를 담고 있다. 『격몽요결』은 근대 초기에도 활자로 인쇄되어 널리 읽혔다.

어린이 인문학 개론

_이이 『격몽요결』

어린이에게 제일 먼저 무엇을 가르칠 것인가

현대 한국인에게 자녀를 위한 조기교육은 이미 일반화된 관례인 듯하다. '일반화되었다'는 것은 자녀에게 언제부터 무엇을 가르칠 것인가라는 문제를 질문하거나 토론의 대상으로 삼기보다는, '아이의 교육은 일찍부터 시작하는 것이 좋다'는 것을 재고의 여지가 없는 당연한 명제로 받아들인다는 뜻이다. 완전히 평준화하기는 어렵겠지만, 요즘 어린이들의 교육 환경이 놀랍도록 발전하고 있는 것만큼은 사실이다. 가계 수입 중에서 자녀 교육비로 지출되는 부분이 압도적인 비중을 차지할 정도로, 가정 내에서 자녀 교육에 대한 위상과 가치는 점점 더 높아지고 있다.

그러나 과연 자녀 교육에 투자한 경제적 비용이나 시간적·심리적 비용이 얼마나 효과를 거두는가, 과연 그러한 투자는 생산적인가에 대해 진지하게 성찰하는 것은 점점 미루거나 생략하는 듯하다. 무엇보다 아이를 위해 '투자한다'는 발상 자체가 과연 정당하며 최선인가라는 질문을 처음부터 되물어야 한다는 것조차 잊어버린 듯하다.

어린이를 둘러싼 각종 상업 광고들은 교육 상품의 구매를 통해 내 아이가 다른 아이와 구별된다는 욕망을 자극하며, 그를 통해 '남다른 삶'을 살게 될 수 있으리라는 환상을 불어넣고 있다. 교육 상품 광고는 구매자로부터 투자 대비 효과를 기대하게 만든다. 그런데 상품의 효력에 대한 판단은 상품이나 구매자가 아니라 그것을 사용한 아이에게로 겨냥된다. 광고에 나오는 어린이 모델을 보라. 영어, 수학, 과학 다 잘 하는 실제 사용자들 아닌가. 결국 상품 자체에는 하자가 없지만, 사용자인 내 아이의 노력이 부족한 탓에 효과를 발휘하지 못하는 것이라는 내러티브가 꾸려지는 것이다.

아이들에 대한 과도한 기대와 욕망은 교육 투자로 이어지고 점차 과열 경쟁 구도를 만들어 간다. 글자를 읽는 이웃집 아이를 보면 왠지 글자를 그림처럼 바라보는 내 아이가 불안해지고, 영어에 태권도, 수학과 과학, 음악과 미술 등 학원에 등록하면, 아이의 미래가 전도유망하게 보장되는 듯한 믿음과 기대가 높아진다. 그러나 그 과정을 잘 들여다보면, 부모가 자신의 어린 시절을 망각하고 있음을 발견하게 된다. 그렇게 자신의 과거에 대한 성찰을 미룰수록 자녀에 대한 과부화된 기대를 정당화할 심리적 기제가 마련되는 듯하다. 좋은 엄마란 정보 검색과 현실화에 능한 '매니저 엄마'이며, 좋은 부모란 경제적으로 무한히 뒷받침해 줄 수 있는 '스폰서 부모'라는 발상도 이러한 문화적 맥락을 배경으로 생겨난 것이다.

교육을 투자와 경쟁의 대상으로 상정하는 한, 아이의 미래도 부모의 몫인 것처럼 착각하게 된다. 자본주의 문화에서는 그 누구도 '투자자'의 요구로부터 자유로울 수 없기 때문이다. 비교와 경쟁은 자본주의의 원리를 뒷받침하며 아이를 삶의 주체로부터 소외시키는 역할을 하게 된다. 그러는 사이에 간과하게 되는 것은 '아이에게 무엇을, 왜, 어떻게 가르칠 것인가'라는 교육 철학과 공부에 대한 근본적인 생각이다.

과연 요즘 아이들은 막대한 사교육비를 투자하여 유례없이 훌륭한 인재로 성장하고 있는가, 또 그들은 과연 이전 세대에 비해 더 행복한가를 진지하게 생각해 보아야 한다. 그렇다면 경쟁일로의 초기 단계인 조기교육의 최초의 기관인 학원이나 유치원에서 과연 어린이를 위해 무엇을 가르치고 있는가를 검토할 필요가 있다. 그리고 교육의 일차적 장소이자 기관인 부모나 어른들이 아이에게 무엇을, 어떻게 가르치고 있는가를 반성하는 것도 중요하다. 교육이 어린이의 정신적·심리적·사회적 성장을 위해 필요하다면, 과연 지금 내 주변의 어린이가 배우는 것은 무엇이며, 왜 그것을 배워야 하는가, 그것은 어떻게 가르쳐야 하는가 등의 문제를 생각하고, 그에 대한 입장을 정리할 필요도 있다.

어린이 인문학 입문서 『격몽요결』

조선시대 어린이 교육 입문서에 해당하는 『격몽요결擊蒙要訣』은 교육 철학과 교육 내용이라는 양자의 차원에서 참조해 볼 수 있다. 현재의 문제는 시차를 둔 역사적 반추와 유비적 상관성을 통해 선명해지는 경향이 있기 때문이다.

『격몽요결』은 16세기 학자 율곡 이이가 그의 나이 42세인 1577년에 저술한 책이다. 전체가 10장으로 구성되었는데, 「입지立志」「혁구습革舊習」「지신持身」「독서讀書」「사친事親」「상제喪制」「제례祭禮」「거가居家」「접인接人」「처세處世」 등이 그것이다. 먼저 서문을 살펴본다.

사람이 이 세상에 태어나 학문이 아니면 올바른 사람이 될 수 없으니, 이른바 학문이라는 것은 이상하고 별다른 것이 아니다. 다만 아버지가 되어서는 사랑하고, 자식이 되어서는 효도하며, 신하가 되어서는 충성하고, 부부가 되어서는 분별을 갖추고, 형제가 되어서는 우애하며, 젊은이는 어른을 공경하고, 친구 간에 신의가 있어야 하는 것이다. 이는 모두 일상생활에서 마땅히 그러해야 하는 것들이지 마음을 깊고 오묘한 데에 집중시켜서 무슨 신기한 효과를 기대하려는 것은 아니다.

배우지 않은 사람은 마음이 꽉 막히고 식견이 어둡다. 그러므로 반드시 책을 읽고 이치를 궁구하여, 마땅히 행해야 할 길을 밝힌 뒤에야 학문의 조예가 올바르게 되고, 중도에 맞게 실천할 수 있을 것이다.

요즘 사람들은 학문이 일상생활 가운데 있다는 것을 알지 못하고, 그것은 높고 먼 데 있으므로 실천하기 어렵다고 여긴다. 그 때문에 학문은 다른 사람이 해야 마땅하다며 미루고 스스로 포기하고 있다. 이 얼마나 안타까운 일인가?

「격몽요결 서문擊蒙要訣 序」

율곡이 『격몽요결』 서문에서 밝힌 학문의 가장 중요한 내용은 사람됨의 가치를 배우는 것이다. 더 정확히 말하면 인간관계를 배우는 것이 학문의 출발이자 목적이다. 율곡이 중요하게 여긴 인간관계는 개인이 자신을 가정·사회·국가와의 사이에서 '위치 짓는' 방법과 그 바탕으로서의 철학에서 출발한다. 자녀에 대한 사랑, 부모에 대한 효도, 사회구성원(신하)으로서의 충성, 부부 사이의 차이의 인정과 존중, 형제간의 우애, 연장자에 대한 존경, 친구 간의 신의를 강조한 것은 삶에서 기본적인 인간관계 모형을 보여주고, 그에 따라 요구되는 태도를 일종의 삶의 철학으로 제시한 것이다.

가족 내의 인간관계를 부모와 자식, 아내와 남편, 형과 아우의 관

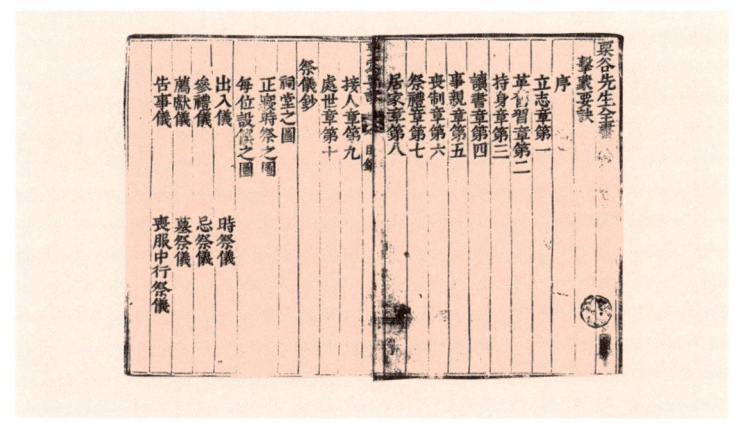

『격몽요결』은 1577년 이이가 저술한 책이다. 2권 1책으로 되어 있다. 어린이를 위해 지었으나 공부에 입문한 이들에게도 널리 읽히는 교재였다. 근대 초기에는 최남선이 펴낸 『소년』지 창간호(1912년)에 소개되어 '소년의 입지'를 강조하는 근대 계몽의 논리로 차용됨으로써, 인문학의 고전이자 어린이 수신서의 전범으로 자리매김하게 된다.

『격몽요결』 차례, 국립중앙도서관

계로 세분한 것은 그만큼 가족이라는 공간이 인간관계를 배우고 익히는 사회적 장으로서 중요하기 때문이었다. 어른에 대한 공경과 친구 간의 우애, 사회구성원으로서의 충실성 등은 가족 내의 인간관계를 확장한 것으로 볼 수 있다. 여기에는 통일성과 연결성, 그리고 확장성이라는 개념이 작동하고 있다. 가정이 화목하면 사회생활도 원만하며, 가족과의 관계가 좋으면 사회적 관계도 원만해진다는 판단이 가능한 것은, 인간을 바라보는 관점 자체가 통일성 있고 일관된 것을 자연스러운 것, 다시 말해 본성으로 보는 시각이 전제되었기 때문이다. 하나의 관계성이 다른 관계로 연결되고 확장되므로, 맨 처음 관계성을 배우는 가족 관계의 중요성이 강조된 것은 자연스러운 일이었다.

여기서 율곡이 언급한 인간관계란 요즘 대중적인 심리학 서적에서 말하는 '타인의 심리 읽기'나 '관계의 기술', 또는 자기계발서에서 중요시하는 '출세를 위한 처세법' 등과는 구분된다. 율곡이 언급한 인간관계의 처신에는 타인보다 앞서려는 경쟁 욕구나 자기를 드러내고 알리려는 과시 욕구라는 관념 자체가 개입되어 있지 않다. 타인의 심리를 읽어서 자신에게 유리한 방향으로 관계를 조정하려 한다든가, 병법을 쓰듯이 인간관계를 조율하여 자기를 드러내는 데 활용하고, 출세를 위한 목적으로 인간관계를 이용하려는 발상 자체가 개입될 여지가 없는 것이다. 자기계발서라는 이름으로 '타인보다 앞서 나가기', '있는 것보다 크게 보이기', '가진 것보다 많게 보이기' 등의 과시적이고 경쟁적인 목적을 정당화하려는 태도가 없음은 물론이다.[5]

율곡이 강조한 것은 일상의 태도였다. 일상생활에 학문이 있고, 배움의 첫걸음이자 핵심 내용은 인간관계에 있으며, 인간관계는 인간다움의 가치를 배우고 실천하는 데서 형성된다는 것이다. 바로 이 점이 『격몽요결』의 핵심이며, 이 책을 인문학 입문서로 재평가할 수 있는 이유이다. 율곡은 배움의 근본이자 출발을 '인간'과 '인간됨'에 두

---

[5] 물론 현재 출간된 모든 자기계발서나 심리학 저술이 이러한 목적의식 중심으로 서술된 것은 아니다. 그러나 대체적으로 이러한 목적의식이 관철되고 있음은 부정할 수 없다.

고 인간됨의 길은 일상생활에서 타인에 대한 태도를 배우고 익히는 데서 저절로 갖추어진다고 보았다. 이런 발상은 어린이에게 무엇을, 어떻게 가르칠 것인가를 현대적 관점에서 사유할 때 시사하는 바가 크다.

어린이가 알아야 할 인문적 항목들 - 「격몽요결」의 체제와 구성

『격몽요결』은 모두 10장으로 구성되었다. 각 장의 의미를 간추려 현대적으로 해석하면 다음과 같이 정리해 볼 수 있다.

1장은 「입지」, 뜻을 세움이다.

- 성인이 되는 것을 목표로 삼는다.
- 사람은 본래 선하며, 누구에게나 가능성이 있다.
- 자기를 과소평가하지 않고 노력한다.
- 지혜롭고(智) 인간답게(仁), 성실하게(誠) 공부한다.
- 공부는 뜻을 세우는 데서 시작된다.

사람은 누구나 성인이 될 수 있다는 발언에는 인간의 잠재력을 인정하고 인간적 노력을 신뢰한다는 생각이 반영되어 있다. 각자가 자신의 그릇을 적게 보고, 최상의 지점에 도달하기를 미리부터 포기하면 안 된다고 강조함으로써, 자기 긍정의 태도와 의지를 존중하는 태도를 보여주었다. 지혜롭고 인간답게, 성실하게 공부해야 한다는 것은 바꾸어 말하면, 일생토록 배우고 잃지 말아야 하는 것은 지혜와 인간다움, 성실성이라는 뜻이다.

2장은 「혁구습」으로 습관을 이겨 내는 방법을 말한다.

- 학문에 진전이 없는 것은 옛 습관에 지배되었기 때문이다.
- 따라서 다음과 같은 습관을 극복하도록 하라.

  게으르게 편안한 것만을 추구하는 것

  분주하게 지내며 헛된 이야기에 시간을 쓰는 것

  끼리끼리 사귀면서, 행여나 무리에 끼이지 못할까 염려하는 것

  문장으로 남에게 칭찬받으려는 욕구, 기존의 글을 표절하는 것

  내용보다 겉모양을 중시하는 것

  놀면서 스스로 운치를 즐긴다고 위안하는 것

  오락을 즐기다가 남과 다투는 것

  부귀를 부러워하고, 허름한 옷과 음식을 부끄러워하는 것

  취미나 욕구를 절제하지 못하는 것

공부란 자기 성장이며, 여기에 가장 큰 장애가 되는 것을 습관이라고 보았다. 습관은 관성이다. 조금만 흔들려도 저절로 움직이는 것이 습관의 무서운 힘이다. 율곡은 사람이 습관이라는 관성에서 벗어

나지 못하는 한, 공부가 크게 성취될 수 없다고 했다. 자기를 이기는 것이야말로 자기 성장의 가장 중요한 관건이라는 것은 예나 지금이나 다를 바가 없다.

3장은 「지신」, 몸가짐인데 주로 공부의 태도를 말한다.

- 성심으로 공부의 길을 향해 나아가야 한다.
- 태도는 바르고 의젓하게 한다.
- 생각을 집중하여 산만하게 하지 않는다.
- 항상 예에 맞게 처신한다.
- 사적인 욕망을 이겨 내는 것이 공부에 가장 중요하다.

율곡이 공부의 태도로 강조한 것은 구용(九容)과 구사(九思), 즉 반드시 지켜야 할 아홉 가지 태도와 생각하는 데 필요한 아홉 가지 규범이다. 이를 한마디로 요약하면 의젓함과 집중이다. 진중하고 엄숙하고 단정하고 덕이 있는 태도를 중시했으며, 듣고 보고, 생각하고 말하는 데에 집중하라고 강조했다. 이는 의젓함과 집중하기가 그만큼 어렵다는 뜻이기도 하다.

또한 율곡은 자기 극복을 중요한 덕목으로 여겼다. 습관을 이기는 것 못지않게 욕망을 이겨 내는 것도 중요하다고 했다. '의롭지 않은 일을 하나만 해서, 또 죄 없는 단 한 사람을 죽여서 천하를 얻을 수 있다고 해도, 하지 않겠다는 생각을 품어야 한다.'는 언급이 주목된다. 의로움으로 욕망을 이겨 내야 한다고 강조했기 때문이다. 사리사욕보다 공적인 의를 추구해야 한다는 것을 공부하는 시작부터 마음에 품어야 한다고 했다. 성적이나 성과에 앞서 태도를 중시했다는 점에 주목할 필요가 있다.

4장은 독서에 대한 내용으로 이루어졌다.

- 책을 읽을 때는 단정한 자세로 책을 공경하며 깊이 이해하고 실천할 방도를 생각해야 한다.
- 『소학』을 읽어서 인간관계의 기본적인 됨됨이부터 익혀야 한다.
- 『대학大學』을 읽어서 자기 수양의 방법과 세상을 다스리는 이치를 배워야 한다.
- 『논어論語』를 읽어서 인간됨(仁)을 익히고 삶의 기본 이치를 깊이 체득해야 한다.
- 『맹자孟子』를 읽어서 의리와 이익을 분별하고, 욕망을 통제하며 세상의 이치를 지키는 것을 배우고 확장해야 한다.
- 『중용中庸』을 읽어서 성정(性情)의 덕과 지극한 공부의 힘, 그리고 세상의 이치를 터득해야 한다.
- 『시경詩經』을 읽어서 사람의 마음이 가진 아름다움과 좋은 점을 익혀야 한다.

- 『역경易經』을 읽어서 길흉화복의 이치를 관찰하고 연구해야 한다.
- 『춘추春秋』를 읽어서 역사의 방향과 이치를 깨달아야 한다.

율곡은 무엇을 읽을 것인가에 앞서, 책 읽기의 태도부터 언급했다. 책을 읽을 때는 바른 자세로 읽어야 집중력도 높아지고 생각도 확장되며 깨닫는 바도 깊어진다. 소파에 비스듬히 기대서 읽어도 될 책과, 책상에 단정히 앉아서 읽어야 할 책이 다르고, 그 효과도 뚜렷이 구분된다. 이는 꾸준히 독서해 본 사람이라면 누구나 알 수 있다. 가벼운 읽을거리를 찾는 것도 나쁘지 않지만, 인간과 삶에 대해 깊이 있게 알고자 할 때는 그에 맞는 진지한 태도가 필요하다.

율곡이 제안한 필독 도서는 경전과 역사서로 제한되어 있다. 이들은 일종의 이론서이자, 어린이 인문도서이기도 하다. 이들은 모두 인간과 삶, 세상과 우주의 이치에 관한 내용을 담고 있다. 성공의 기술이나 입신출세의 요령과 지침, 빨리 인격 수양을 이루는 구체적인 방법론을 배우기에 앞서, 근본적이고 철학적인 탐구가 중요하다는 생각을 반영한다. 동시에 어려서부터 유학의 이념에 맞는 책만을 읽도록 함으로써 규범적 인간형을 교육하려 했던 성리학적 이념을 보여준다.

5장 「사친」은 부모님 모시기를 말한다.

- 나의 생명은 부모님의 성명과 혈육으로 말미암은 것이니, 내 몸

은 나만의 것이 아니라 부모님과 연결되어 있는 것이다. 따라서 부모님께 효도하는 것은 인간으로서 마땅한 도리이다.
- 어떤 일을 하거나 결정할 때는 부모님과 충분히 상의한다.
- 부모님의 안부를 아침저녁으로 여쭙고, 맛있는 음식을 대접해 드려야 한다.
- 부모님을 항상 모실 수 있는 것이 아니니, 세월을 아껴서 정성으로 섬겨야 한다.

율곡은 부모님을 모셔야 하는 이유부터 설명했다. 부모니까 모셔야 한다는 당위론으로 접근한 것이 아니라, 나 자신이 이 세상에 태어나게 된 것이 부모님 덕분이며, 내 몸은 부모님과 연결되어 있으니 함부로 해서는 안 된다는 것을 조리 있게 설명했다.

아울러 부모님을 모시는 구체적인 항목을 제시했다. 막연하게 효도하고 공경하라고 한 것이 아니라, 인사 드리기, 안부 묻기, 식사 올리기, 의논하기, 대화하기 등 일상생활에서 부모님을 대하는 구체적인 방법을 세세하게 제시했다. 세월이 물처럼 흘러가서 언젠가는 부모님을 모실 수 없는 때가 다가오니, 시간을 아껴서 공경하라는 말도 빼놓지 않았다.

6장은 장례 지내는 절차인 「상제」이다.

• 상례는 주자의 「가례家禮」를 따르되, 모르는 부분이 있으면 선생이나 예를 아는 어른께 여쭈어 본다.

『격몽요결』이란 어린이를 위한 책인데, 죽음과 장례의 문제를 다루고 있어 주목된다. 더구나 세세하게 장례를 지내는 절차를 소개했다. 이는 어린이에게 무조건 기쁘고 즐거운 것만 보여주고 가르쳐야 한다고 생각하지 않았기 때문이다. 삶과 죽음은 일상적인 것이고, 어린이도 인간 문제에서 예외일 수 없다고 판단했던 것이다. 삶의 예법을 일상의 차원에서 배워야 한다는 인식이 어린이로 하여금 장례의 절차까지도 마땅히 알아야 할 지식으로 여기게 한 것이다. 따라서 어린이에게 죽음을 감추거나 회피하게 하는 대신, 이를 예로써 대하고 감당할 수 있도록 가르쳤다.

7장에서는 「제례」로 제사 지내는 예법을 말한다.

• 상례와 제례는 자식으로서 가장 정성스럽게 해야 할 일이다. 이 일에 대해 예를 다하지 못하면 평생토록 비통함을 금할 수 없게 된다.

제사 지내는 예법을 어린이가 알아야 할 중요한 공부의 하나로 제시했다. 제사는 젊은이가 어른에게 지내는 것이 아니라, 자식이 부모

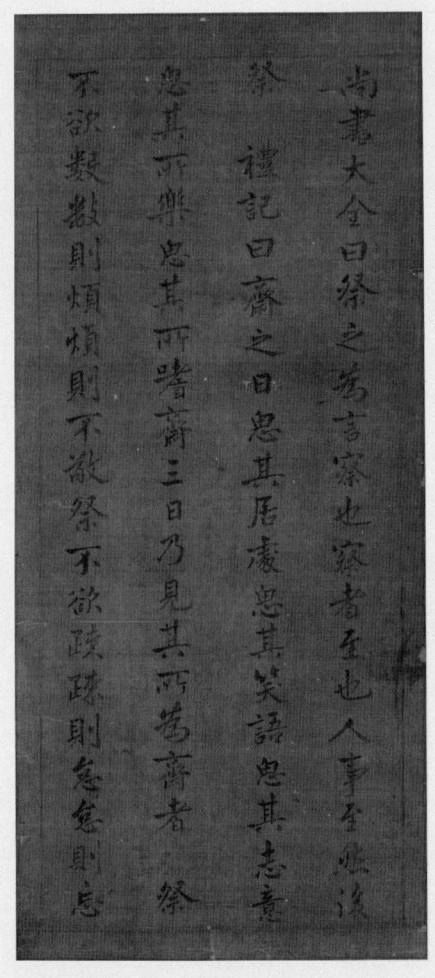

표암 강세황이 노년에 제사에 대해 쓴 글이다. 제사를 지내는 의의, 제사에 임하는 태도와 마음가짐을 적고 있다.
「표암 강세황 선생이 쓴 제사에 대한 글」, 조선 1781년, 국립중앙박물관

에게 지내는 것이다. 따라서 아무리 어릴지라도 제사 지내는 예법을 알아야 한다고 생각했다. 조선시대 어린이에게 삶은 단지 해피엔딩의 분홍빛 유토피아가 아니라, 죽음과 의례, 공부와 수양을 배우고 익혀 나가는, 자기 책임의 장이기도 했다.

어린이가 알아야 할 지식이란 무엇인가에 대한 생각에는 당시 지식인의 어린이에 대한 가치관과 철학이 반영되어 있다. 어린이를 무조건 감싸고 보호해야 한다고 생각하는 대신, 어린이도 가족의 일원으로서 부모에 대한 자식의 도리를 지켜야 하고, 책임감을 배워야 한다는 생각이 지배적이었다. 조선시대에 '어른스러운 어린이'가 가능했던 것은 이러한 문화적 맥락이 있었기 때문이다.

8장 「거가」는 가정생활이다.

- 가정생활에서는 예법으로 아내와 자식, 식구들을 이끌어야 하니, 각자에게 일을 맡겨서 잘 해내도록 하는 역할을 해야 한다.
- 형제간에는 한 몸처럼 서로 위해야 한다.
- 부부 사이에 서로 공경하고 남편과 아내의 직분과 예법을 지켜야 한다.
- 자녀를 기를 때는 먼저 선한 데로 인도하는 것이 으뜸의 요건이다.
- 가난을 근심하거나 부끄러워하지 않아야 하지만, 생계를 꾸릴 계책은 세워야 한다.

율곡은 어린이에게 '어린이만의 세계'를 가르치지 않았으며, 어린이와 어른, 삶과 죽음이 함께 하는 세상 자체를 가르쳐 주고자 했다. 따라서 지금은 어린이지만 앞으로 어른이 될 것을 생각하면서, 어떻게 처신하고 살아야 하는지를 가르쳤다. 어린이 교육서에 가장으로서의 역할에 대해 알리고, 가계 경영의 문제나 경제관념까지 가르쳤던 것은 이 때문이다.

9장 「접인」은 대인관계이다.

- 나보다 나이가 배가 많으면 아버지처럼 대하고, 10년이 많으면 형처럼 대하고, 5년이 많으면 약간 공경하는 태도를 갖추어야 한다. 자신이 학문이 높다고 여겨 남을 업신여기면 안 된다.
- 선한 사람과 친하게 지내야 하지만, 선하지 않은 이에 대해서도 그 잘못을 남에게 드러내서는 안 된다.

지금도 사회생활에서 서열이 중요시된다. 초면에 몇 년 생인지, 몇 월 생인지를 따지는 것은 장유유서의 문화적 전통이 서열 문화로 정착한 결과이기도 하다. 조선시대에는 나이를 잊고 사귀는 망년지교(忘年之交)의 문화도 존재했지만, 나이 차이에 따른 예우의 문화도 존중했음을 알 수 있다.

율곡은 인간됨을 중시했던 만큼, 교육에서도 인간관계의 중요성을

선비 문화에서 공부 못지않게 중요한 것은 놀이와 여가였다는 점을 고려할 필요가 있다. 여러 명의 선비가 모여 바둑을 두거나 담소를 나누는 모습이 보인다.

「선비들의 모임」, 조선 19세기, 국립중앙박물관

간과하지 않았다. 타인을 대하는 기준을 '예'에 두었으며, 선생님과 어른을 대하기, 친구 사귀기, 행실이 좋지 못한 사람을 대하기 등, 구체적인 사례를 들어 서술했다. 선한 사람과 친하게 지내는 것도 중요하지만, 남의 말을 하고 다니지 않는 것도 수양을 갖춘 인격자로서 갖추어야 할 태도라고 강조했다.

10장은 「처세」로 사회생활을 말한다.

- 과거공부 자체를 피할 수는 없지만, 벼슬을 탐하며 조급해 해서는 안 된다.
- 과거공부 때문에 학문을 제대로 하지 못한다는 말은 핑계에 불과하다.
- 벼슬자리에 연연해서는 안 된다. 청렴하게 직분을 다해야 한다. 불로소득을 꾀하면 안 된다.

어린이에게 성장한 뒤의 사회생활과 그 올바른 처신에 대해 가르치는 부분이다. 어린이가 어른이 되어 사회에 나아갔을 때, 어떻게 사회생활을 할 것인가에 대한 생각을 미리부터 해야 한다고 판단했다.

과거공부란 결국 자신의 사회적 자리를 찾기 위한 제도적 관문을 통과하는 일이다. 제도적 편입을 거부하지 않으면서도, 학문을 통한 자기완성을 추구해야 한다고 강조함으로써, 인격적 성숙과 사회적 성취를 양립할 수 있으며, 그래야 한다고 격려한 것이다. 바꾸어 말하면, 당시에 입신출세한 선비들의 인격이나 수양의 정도가 미약하다는 사회적 비판이 있었고, 당사자들은 이에 대해 과거공부를 핑계 삼던 풍토가 있었음을 알 수 있다. 그러나 율곡은 공부와 인격을 모두 갖출 것을 지향했고, 벼슬을 하더라도 자리에 연연하거나 돈에 욕심을 내서는 안 된다고 강조했다.

어린이 인문학의 가능성

『격몽요결』은 어린이를 위한 입문서였지만, 실제로는 어른들에게도 널리 읽혔다. 성균관 유생들은 물론 왕도 읽었다고 하니, 실제로는 어린이와 어른을 아우른 저작이었던 셈이다. 이는 단지 독자층이 폭넓었다는 의미가 아니다. 어린이와 어른이 알아야 할 지식의 경계를 구분하지 않고, 통합적인 지식, 소통의 맥락을 추구했다는 점에서 중요한 의미를 지닌다. 물론 조선시대의 저술이어서 현대와는 시간적 거리가 있고, 성리학이라는 지배 이념이 현대에 맞지 않는 것도 있다. 예컨대, 여성을 본격적인 교육 대상으로 고려하지 않은 점이나, 신분적으로 사대부를 중심 대상으로 삼았다는 점이 그러하다. 그러나 인본주의적 사고, 어린이와 어른을 연속적으로 파악한 점, 교육의 시작에서부터 인문학적 관점을 견지한 점 등은 현대에도 여전히 유용한 것이기에 고전적 가치를 갖는다.

  이 책에 따르면 어린이가 알아야 할 것은 어른이 되기 전까지의 세계로 한정되지 않는다. 어린이는 '어린이란 누구인가'도 알아야 하지만 자신의 위치가 인간의 삶 전체에서 어디에 해당하는지도 알아야 한다. 따라서 인간의 삶 전체를 이해하는 안목을 갖추어야 한다고 보았다. 어린이가 알아야 할 지식 세계를 인간 전체, 나아가 사회와 세계 전체로까지 확장했다는 것은 중요한 의미를 지닌다. 어린이가 어른으로 성장한다는 관점은 여전하지만 어른이 된다는 것은 어린이 세계를 뛰어넘고 극복하는 것이 아니라, 어린이 때부터 알았던 것의 심화이자 확장 과정이라는 생각을 보여주기 때문이다.

  어린이에게 무엇을 어떻게 가르칠 것인가는 교육의 근본이며 시작에 대한 질문이다. '언제부터'라는 질문보다 중요한 것은 내용과 태도이다. 어린이 교육은 문자나 숫자를 외고 익히는 기능적인 출발로서가 아니라, 어떤 사람이 되어야 하며, 그렇게 하기 위해서는 어떻게 해야 하는가에 대한 질문과 접면하는 일이다. 그런 점에서 교육의 시작은 곧 인문적 주체로서의 출발 행위가 된다. 문화가 일종의 동의의 체계라면, 어린이 교육의 문제도 개인의 주장에 그쳐서는 안 된다. 합의 과정과 제도적 실천을 뒷받침하여 동의의 체계를 실천할 수 있어야 한다. 오늘날 어린이 인문학에 대한 질문의 생성과 토론, 합의의 기회가 어떻게 마련되고 있는지, 또 어떻게 만들어 나가야 하는지를 물어야 하는 이유다.

『격몽요결』을 통해 본 어린이 교육의 내용과 과정은 어린이기로 한정되지 않으며, 어린이기로부터 의식을 가지고 출발하는 사회적 삶을 어떻게 구성해 가고 발견해 가는가에 대한 판단을 함축하고 있었다. 어린이가 배워야 할 것은 삶에 대한 태도와 철학이라는 것을 어른들이 간과하더라도, 어린이는 어른의 생각을 넘어서서 인간과 그 삶의 방향을 이미 배우고 있음을 알아둘 필요가 있다. 교육의 출발은 지식이나 정보의 습득이 아니라, 인간됨의 태도를 배우는 인문학에 있다는 것을 율곡의 『격몽요결』을 통해 생각해 보려는 것은 이 때문이다.

2장

어린이 교양과 대안 교육

∙
∙
∙

어린이 교육을 위한 조선 지식인의 실천

어린이와 청소년을 대상으로 한 교육 정책이나 제도는 언제나 논란의 대상이 되지만, 좀처럼 개혁하기는 어렵다. 조금씩 변하는 교육 제도가 사실은 입시 제도의 변용에 다름 아니며, 교육 철학이나 문화의 혁신 없이 제도의 변화만으로는 실효를 거두기 어렵기 때문이다. 당사자인 학생들은 스스로를 '교육의 희생자'로 여기면서도 이에 대해 어떻게 대응해야 할지 알지 못한다. 자신들의 인생을 움직이는 중요한 제도를 스스로 선택할 기회나 권한 자체가 부여되어 있지 않은 것이다.

이 문제를 어린이기로 이동시키면, 문제는 더욱 심각해진다. 어린이는 최소한의 자기 인식과 자기표현도 배우지 못한 시기이며 오로지 적응만을 강요받기 때문이다. 제도 교육은 아래에서 위로뿐만 아니라, 위에서 아래로도 영향을 미친다. 그래서 중등학교에서 입시 위주의 교육 제도가 중심이 된다면, 어린이 교육에도 이러한 요소를 완전히 배제하기 어려워진다.

최근에는 이러한 교육 문제를 보완하거나 혁신하기 위해, 대안 교육이 제도적으로 정착해 가는 추세다. 그러나 입시 위주의 교육에서 벗어나 어린이와 청소년의 재능과 창의성을 길러 주고 자율적 주체로 살아가도록 돕겠다는 본래의 취지가 변질되고 있다는 비판도 생겨난다. 자율적인 대안 교육의 형태를 취하고 있지만, 사실은 보다 세련된 형태의 입시 교육 기관에 불과하다는 것이다. 물론, 이는 대안 교육 전체에 대한 비판이 아니라 일부로 한정된다.

　이러한 현상은 대안 문화가 없는 대안 교육이란 원천적으로 불가능하다는 것을 보여준다. 입시 위주의 교육에서 벗어나려 했지만, 입시를 포기한 대가를 개인이 감당하기 버겁다는 판단을 보여주는 것이다. 입시라는 관문이 문제적인 것은 인정하지만, 입시를 통과한 이에게 주어지는 사회적 특혜를 무시할 수 없다는 판단 때문에, 입시를 외면한 교육을 상정하기가 어려운 것이다. 교육 제도의 변화만으로 사회를 바꿀 수는 없다는 것을 여러 차례의 교육 행정과 제도의 변화를 통해 경험해 오고 있다. 문화와 철학의 변화가 없이 제도의 변화만으로 거둘 수 있는 성과에는 한계가 있다.

　이와 같이 교육을 둘러싼 문제의식이 조선시대에도 존재하고 있었다. 조선시대 어린이 교육은 오늘날처럼 전문화되거나 특화되어 있지 않았다. 그렇다고 엄격하게 표준화되었던 것도 아니다. 조선시대의 어린이 교육은 대체로 가정과 마을의 서당에서 이루어졌으며, 『천자문』『소학』『동몽선습』『통감』 등의 교재와 경전과 사서를 읽고 외고 뜻을 배우는 것으로 공부의 기초를 잡았다. 교육을 받는 대상은 남자아이로 제한되었으며, 양반가의 아이들이 대부분이었다. 중인층이나 하층민 아이들도 서당에 가서 공부할 기회가 아주 없었던 것은 아니었지만, 주요한 교육 대상은 사대부 양반가의 자제들이었다.

그런데 조선 후기에 오면 어린이 교육 전반을 비판적으로 성찰하면서, 교재, 교육 방법, 교육 철학 등을 재점검하려는 일련의 움직임이 간헐적으로 일어났다. 이는 단순한 반성이나 비판의 차원에 그치지 않고, 문제점을 보완할 수 있는 실질적 대안을 마련하려는 문화적 실천으로 구체화되었다. 이러한 활동에 앞장선 이들 중에서 어린이 교육에 관심을 보인 이들은 오늘날 실학자로 널리 알려진 혜강 최한기, 다산 정약용, 그리고 중인 지식인 이이엄 장혼이다.

이들은 조선 지성사에 획기적인 업적을 남긴 실천적 지식인이라 해도 과언이 아니다. 최한기는 기철학으로 조선의 사상 체계를 재확립하고자 했으며, 정약용은 경세치용의 차원에서 조선의 유학을 재편하고자 했다. 장혼은 중인의 신분으로서 중인 어린이를 위한 교양 교재를 새로 써서 출간했으며, 중인층 어린이를 위한 천자문을 새로 만들어 가르쳤다. 이들의 새로운 교육관은 조선시대 문화에 대한 냉철한 비판과 경험적 인식, 분석적 시각을 통해 구상되었으며, 비판의 내용을 스스로 보완하고 실천하기 위해 대안이 될 방법론을 제출했다.

이들의 어린이에 대한 생각과 어린이 교육에 대한 사상은 조선시대에 새로운 인간관과 세계관에 대한 모색을 통해 마련되었다. 이들은 '어린이'라는 개념을 '인간' 개념 안에서 재해석했으며, '어린이 문화'를 사회 전반, 세계 전체에 대한 구상 안에 두었다. 이들에게서 어린이나 어린이 문화는 성인이나 인간의 개념이나 문화적 범주로부터 동떨어진 것이 아니라, 상호 연동되고 내포되어 있는 개념이자 실체였다. 이들은 조선시대 어린이를 위한 대안 교육의 개념과 방법을 구체적으로 제시했다는 점에서, '실천하는 지식인'으로 평가할 수 있다.

  이 장에서는 이들이 조선의 어린이에 대해 갖고 있었던 생각과 기대, 교육관, 철학 등을 살펴보려고 한다. 또한 이들이 자신의 생각을 실천하기 위해 제시했던 당대 교육에 대한 비판과 새로운 비전의 내용과 방향, 대안에 대한 구상들을 논의해 보려고 한다. 이들은 분석과 비판, 대안과 실천을 동시에 수행했기 때문에, 이론에는 공허함이 없었으며 실천에는 무모함이 없었다. 한 사회의 문제점을 비판할 때, 대안과 비전을 함께 제시할 수 있어야 비판에 대한 책임의 몫이 완료될 수 있다는 생각이, 이 시대에도 존재하고 있었음을 확인할 수 있다.

최한기(崔漢綺) 1803년 태어나 1877년 세상을 떠났다. 조선 후기 실학자이자 과학사상가이다. 자는 운로(芸老), 호는 혜강(惠岡)·명남루(明南樓)·기화당(氣和堂) 등이다. 평생 학문에 매진했으며, 벼슬에 나아가지 않고 책을 읽고 쓰는 일에 일생을 바쳤다. 중국의 서적과 중국에 들어온 서양 서적을 읽고 공부하여 과학 지식에 해박했으며 의학 서적도 섭렵했다. 이런 공부를 바탕으로 기하학에 관한 저술도 남겼다.

『기학』을 저술하여 인간과 우주를 설명하려는 철학적 체계를 완성했으며, 경험과 실용을 강조했다. 이에 관한 학문 방법을 『추측록』『신기통』 등의 저서에서 서술했다. 『지구전요』에서는 세계 각국의 지리와 역사, 문물과 학문을 상세히 소개했다.

저술한 책의 방대함이나 철학적 체계의 독창성에 비해, 그의 일생에 대해서는 알려진 것이 거의 없다. 이규경이 최한기의 독서가이자 학자로서의 면모에 주목했고, 그의 기록을 통해 최한기가 지리학자 김정호와 교유했다는 것이 알려진 정도다.

어린이를 위한 실학

_최한기 『인정』

인간에 대한 해석과 태도에서 출발하는 어린이에 대한 생각

 어린이를 바라보는 태도나 시각은 인간을 바라보는 태도나 시각으로부터 완전히 분리되지 않는다. 어린이를 인간이라는 범주 안의 부분 집합으로 생각하든지, 아니면 인간을 오직 '성숙된 존재'로만 여기고 어린이를 인간의 범주 안에 아직 진입하지 않은 미완성의 존재로 여기든지 간에, 어린이에 대한 생각은 언제나 인간에 대한 정체 해석이나 가치 규정과 맞물려 있다. 따라서 어린이란 누구인가를 묻고 이에 답하기 위해서는 먼저, 인간이란 누구인가에 대한 질문과 대답이 선행되어야 한다. 자기 성찰 없이 그려 내는 어린이에 대한 관념은 단지 어린이를 인간과는 다른 별도의 존재로 타자화할 뿐이다.

 그런 이유로 어린이에 대한 생각은 인간 보편의 존재에 대한 숙고와 성찰을 앞서 요청한다. 어린이를 교육의 대상으로 상정할 때도 인간이란 어떤 존재이며, 무엇을 배워야 하는가를 먼저 질문하고 궁구해 볼 필요가 있다. 왜 어떤 사람은 무언가를 배우는 데 익숙한데 다른 이는 그렇지 않으며, 어떤 사람은 이러이러한 분야에 재능이 있는데 다른 이는 그렇지 못한가를 질문할 때, 비로소 우리는 재능·소질·성품·취향·기질·환경·유전·배움 등을 '자신'의 문제로서 생각하고 '인간' 보편의 문제로 확장하여 보게 된다. 그것은 결코 단순하지 않으며 상당한 자료와 연구의 역사를 축적해야 하는 사항이기도 하다. 어린이가 잘 성장하기를 바라기 이전에 '어린이란 누구인가'를 탐구해야 하고, 그에 앞서 '인간이란 누구인가'를 질문해야 한다. 인간은 자신에 대한 이해와 성찰로부터 질문과 대답을 구할 때 가장 정직할 수 있으며, 또한 가장 현실적이 되기 때문이다.

혜강 최한기는 이런 관점을 대표적으로 보여주는 조선 후기 학자이자 사상가이다. 그가 어린이를 바라보는 시선을 이해하려면 그의 전체 저작을 살펴보아야 하며, 특히 기(氣)철학 체계로 인간학을 재정리한 『인정』을 살펴볼 필요가 있다. 세계에 대한 이해가 달라지면 인간에 대한 정의가 달라지기 마련이며, 어린이를 보는 관점도 그와 연동되어 변화한다. 그가 쓴 소소한 산문 두 편 「어린이를 가르치기童子敎」「어려서 문자와 산수를 가르친다幼敎文字算數」를 이해하기 위해, 그의 기철학이 집대성된 『인정人政』의 체계를 검토하려는 것은 이러한 맥락에서다.

선비들의 책과 문방사우를 그린 책가도이다. 난과 꽃병, 그림, 종이, 필통 등을 책과 함께 그린 그림으로 방을 장식하여, 독서와 글쓰기를 사랑하는 선비의 문권기(文券氣)를 드러냈다. 독서하는 문인의 마음 속에 깃든 선명하고 감각적인 취향을 자유롭지만 단정한 구도 속에 잘 표현했다.

「책가도」 중, 조선 19세기 후반, 국립민속박물관

19세기 사상가, 최한기

　최한기는 19세기의 학자로서, 오늘날 실학자 또는 기(氣)철학자로 알려진 사상가다. 그를 실학자로 정의한 것은 그의 학문이 성리학적 추상론이나 형이상학에 머물지 않고 세상에 널리 쓰일 수 있는 실용 학문의 세계를 추구했기 때문이다. 그를 기철학자로 이해하는 것은 그의 사상 체계를 이루는 출발점이자 단서를 '기(氣)'라는 키워드로 설명할 수 있기 때문이다. 실제로 최한기는 일찍부터 서양의 과학 지식과 사상을 받아들여 기학(氣學)으로 발전시켰고, 이 때문에 그의 사유 철학은 과학적 실학으로 평가된다.

　최한기는 관직에 나가지 않은 채, 평생토록 독서와 저술에 전념한 학자였다. 그는 어려서 종숙인 최광현의 양자로 들어갔다. 그 집안이 부유했던 까닭에 다양한 중국 서적과 중국에 수입된 서양 서적들을 섭렵할 수 있었다. 집 안에 개인 도서관을 둘 정도의 부를 갖추었는데, 그는 재물을 오직 책을 사서 읽는 데 바칠 정도로 지적 호기심과 열정이 왕성했다.

　최한기는 동양의 성리학은 물론 서양의 고대와 중세 철학·지리학·천문학 등을 두루 섭렵했다. 40대 후반에 이르러서는 자신의 학문을 '기학'으로 명명했다. 그의 학문 세계는 오늘날의 인문학과 사회과학·자연과학을 통합했다고 해도 좋을 정도로 방대하고 포괄적이다.

기학의 통합적 성격은 전근대 지식 체계의 보편적 특성이지만, 그는 자신이 섭렵한 지식을 하나의 독창적인 사유 체계이자 세계 해석의 방법론으로 완성했다.

『인정』을 통해 보는 최한기의 사유 체계와 인간관

최한기는 동서양의 학문을 두루 읽고 자기만의 학문 세계를 창안했다. 최한기의 저술에서 주목할 부분은 그가 이론 철학자로서 단지 추상적이고 이념적인 서술에 머물지 않고, 학문의 실용성, 사회적 실천성을 염두에 두었다는 점이다. 그것을 단적으로 드러내는 저술이 바로 『인정』이다.

최한기는 49세에 『인정』의 초고본을 완성했고, 58세에 이를 총 25권으로 완성했다. 『인정』은 「측인문測人門」 「교인문教人門」 「선인문選人門」 「용인문用人門」의 네 편으로 구성되었다. '문(門)'이란 그야말로 '입문'이라는 뜻이다. '측인(測人)'이란 '사람을 헤아린다'는 뜻이고 '교인(教人)'이란 '사람을 가르친다'는 뜻이다. '선인(選人)'이란 '사람을 선발한다'는 뜻이며 '용인(用人)'이란 '사람을 활용한다'는 뜻이다. 책의 편제에서 볼 수 있듯이 『인정』의 체계는 철저하게 실용적이다. 인간이란 무엇인가에 대하여 사람의 본질과 특성을 잘 헤아려, 가르치고 선발하여 실제의 삶에 활용한다는 실용적 취지를 담고 있다.

최한기는 『인정』의 초입에 「인정 범례人政凡例」를 두어 '정(政)'의 의미를 정의했다. '방향을 잃지 않고 흔들리지 않게 하는 모든 것'을 '정', 곧 '정치(政治)'로 본 것이다. 그 취지를 살려 '인정'이란 용어를 오늘날의 언어로 풀이하면 '사회적 장에서 탐구하는 인간학'에 해당한다. 최한기의 기학적 관점에서는 생동하는 활동으로서의 기의 움직임이 중요하다. 따라서 그의 인간학은 세계에 대한 앎의 체계와 상통한다. 그런 이유로 '인정'의 세계는 인간만을 설명하는 학문일 수 없다. 곧 '천(天=세계=우주)'의 학문, 세계를 이해하는 통합 학문이 된다.

사람을 알아보는 방법과 그 기준

최한기의 발상이 흥미롭다. 인간을 이해하여 세계에 활용하려면 우선 '그 사람이 누구인가'를 알아보는 능력이 있어야 한다고 보았다. 그러기 위해서는 기준이 필요했다. '측인', 즉 '사람을 헤아린다'는 발상은 이러한 맥락에서 제안되었다.

최한기는 사람이 세상을 살다 보면 사람 때문에 성공도 하고 실패도 하므로 사람을 보는 안목이 중요하다고 생각했다. '사람을 보는 안목'은 개인적으로는 친구를 사귀는 일에서부터 국가적 차원으로는 인재 등용에 이르기까지 다양하다. 따라서 이에 대한 기준과 방법을 연구할 필요가 있다고 본 것이다.

사람을 알아보는 안목에 대해 고민했다는 것은 당시 성리학적 사유 체계 속에서는 매우 이례적이다. 성리학에서는 남을 판단하기 전에 자기 자신을 수양하며, 심지어 남이 나를 알아주지 않더라도 자기 수양을 해야 한다고 강조했기 때문이다. 또한 이러한 최한기의 태도는 마치 외모를 보고 그 사람의 성격이나 운명을 추측하는 관상학을 연상시키기 때문에 당시의 성리학적 관점에서 이질적인 면이 있었다. 물론 최한기는 사람을 선천적으로 정해진 외모만으로 판단하는 것에 반대했으며, 이를 미혹된 것으로 보았다.

그러나 세상의 상식에 무조건 반대하는 것은 학자의 태도일 수 없고, 하나의 체계를 갖춘 학문일 수는 더더욱 없다. 그는 사람을 헤아리는 기준을 다음과 같이 제시했다. 여기에는 외모, 즉 모습도 포함된다.

사람을 알아보는 기준	105%
기품	40%
마음가짐	30%
모습	20%
견문	10%
처지	5%

사람을 알아보는 기준을 다섯 가지로 보았지만, 가장 큰 비중을 차

지하는 것은 기품이라고 했다. 전체를 105퍼센트로 볼 때, 기품이 차지하는 비중을 40퍼센트로 보았다. 그에 비해 처지는 단지 5퍼센트 정도에 불과하다고 했다. 사람에게서 자연스럽게 풍겨나는 기운과 품격이 제일 중요하고, 그 다음은 마음가짐, 그 다음은 기품과 마음이 스며들어 있는 외모, 그 사람이 보고 듣는 내용과 태도(聞見), 그 다음이 빈부귀천의 처지라고 본 것이다.

기품(氣稟)이란 타고난 기운과 품격이다. 기품을 알아보기 위해서는 외모를 가까이서, 멀리서 살펴야 하고, 무언가 활동을 하고 있을 때나 고요히 있을 때의 기미를 관찰해야 한다. 말과 행실을 살펴보는 것도 중요하다. 기품을 알아보는 기준은 다음과 같다.

강함(强) 굳건하면서도 곧고 오래 되어도 게으르지 않아 처음과 끝을 잘 맺는다. 단지 의지가 굳세고 강직하여 굽힘이 없는 것을 뜻하는 것이 아니다.

약함(弱) 외부 환경에 순순히 따라 자기 주관을 세우지 못한다. 일을 맡으면 불안해 하며 걱정한다.

맑음(淸) 마음과 모습이 맑고 깨끗하여 어두운 면이 거의 없다. 일을 능숙하게 처리하는 솜씨를 타고난 것 같다.

탁함(濁) 안에 묵직한 찌꺼기를 품은 듯하다. 이끌어 주어도 깨닫지 못하고 도리어 화를 낸다.

다음으로 큰 비중을 차지하는 것은 마음가짐(心德)이다. 사람은 오랫동안 선하려고 노력하면 선한 마음을 갖게 되고, 오랫동안 악한 것에 젖어 있으면 악한 마음을 얻게 된다. 마음가짐은 네 가지 기준을 갖는다.

진실됨(誠) 진실하여 속임이 없고 행동이 정직하다. 마음가짐은 산처럼 고요하고 흐르는 물처럼 활기차다.

거짓됨(僞) (스스로 공부하여 깨닫지 않고 남에게 들은) 명언을 꾸며 대는 것을 도(道)라고 생각한다. 남을 망치는 경우도 많지만 자기 자신부터 망치게 된다.

순수함(純) 이치를 정밀하고 진중하게 연구하여 일관된 생각을 갖게 된다. 마치 김맬 때 가라지를 뽑아내듯이 해로운 생각을 제거한다.

잡스러움(駁) 마음은 원숭이처럼 변덕스럽고 생각은 망아지처럼 천방지축이다. 선과 악을 구별하지 못한다. 처세에 일관성이 없이 이랬다저랬다 한다.

다음은 모습(體容)이다. 기가 형체를 갖춘 것이 모습이고, 마음이 밖으로 드러난 것이 얼굴이다. 촛불이 아무리 밝더라도 등갓이 흐리면 밖으로 비추는 빛이 밝지 않듯, 마음과 외모가 모두 밝아야 한다. 기품과 마음가짐이 합쳐져 모습에 드러난다. 모습의 기준은 다음과 같다.

후하다(厚) 도량이 넓어 하늘처럼 포용력이 있어서, 그에게 은혜를 구하는 이들이 많다. 그러나 그가 부자라서 그런 것이 아니다.
얕다(薄) 항상 눈살을 찌푸리고 냉랭하다. 남에게 피해 끼치는 것을 개의치 않으며 오직 자기 이익에만 힘쓴다.
아름답다(美) 마음속에 온축된 것이 밖으로 드러나서 행동이 여유롭고 우아하다. 바라만 보아도 기쁘고 어쩐지 향기가 나는 듯하다.
추하다(醜) 겉으로 풍기는 분위기가 괴상하다. 어딜 가든 오만하여 남과 어울리지 않으므로 사람들이 싫어한다. 태도가 거칠고 차분하지 않다.

견문(聞見), 즉 '듣고 보는 것'은 귀와 눈이지만, 실제로 취하고 버리는 것은 마음에 달렸다. 마음이 좋아하고 싫어하는 것에 따라 보고 들리는 것이 달라지기 때문이다. 견문의 기준은 다음과 같다.

폭넓다(周) 옛것을 익혀서 새로운 것을 알아 간다. 어떤 일에 대해 미리 긍정하거나 부정하지 않고 의에 따른다.
편협하다(比) 자기와 비슷한 것만 좋아하고 자기와 다른 것은 비난한다. 무리를 짓고 파벌을 조장한다.
우아하다(雅) 숲에서 풍경 소리가 울리는 듯 청아하고, 흙탕물 속에서 연꽃이 피듯 깨끗하다. 속세를 떠나서 맑고 고요한 것을 숭

상하는 것이 아니라 군자가 지조 있게 사는 모습을 뜻한다.

속되다(俗) 아이디어가 부족하여 잘못된 것을 따라한다. 자기 주관이 없고 오직 다른 사람만 탓한다.

처지(處地)는 가장 적은 비중을 차지하다. 사람은 가난할 때의 처신을 통해 부자가 되었을 때의 처신을 알 수 있고, 천할 때 처신하는 것을 보면 귀하게 되었을 때 처신하는 법을 짐작할 수 있다. 귀한 사람이 천하게 되거나 부자가 가난해지는 것은 하루아침에 일어날 수 있다. 그러나 그 반대의 경우는 오랜 노력이 뒤따랐을 때만이 가능하다. 처지의 기준은 아래와 같다.

귀하다(貴) 많은 사람들이 복종하여 남에게 촉망을 받으니 높은 지위에 오르게 된다.

천하다(賤) 행동이 평범하다. 일이 많아서 자유롭지 못한 경우가 많다.

부유하다(富) 재력도 있고 부리는 사람도 있어서 남을 도울 여유가 많다. 그러나 예의 바르게 돕지 않으면 오히려 거칠고 그릇되는 경우가 많다.

가난하다(貧) 살아가는 데 걸림돌이 많아서 고생스럽고 근심이 많다. 잘 지치는 편이다.

최한기가 이처럼 사람을 헤아리는 법을 중시한 것은, 사람을 정확히 알아본 후에야 그와 사귀거나 인재로 쓸 수 있다는 판단 때문이었다. 그러나 사람은 타고난 그대로 살아가지 않는다. 거기에 가르침, 곧 교육의 효능에 대한 신뢰와 기대가 자리하고 있다.

어린이에게 무엇을, 어떻게, 언제 가르쳐야 하나

최한기는 『인정』에서 나면서부터 지식을 갖춘 사람은 없다고 적었다. 배워야 한다는 뜻이다. 그러나 배움은 사람에 따라 깊고 얕고, 익숙하고 서툰 것이 있으니 가르치는 것이 중요하다고 했다. 어떤 사람이라도 잘 가르쳐서 등용한다면 잘 활용할 수 있지만, 가르치지 않고서 먼저 등용하면 단점만 보여서 못마땅하게 여긴다. 그러므로 사람을 가르치는 게 중요하다고 보았다.

사람을 잘 가르치려면 먼저 그 사람의 타고난 자질을 살펴서 북돋워 주거나 억제시킬 부분을 판단해야 한다. 그 다음 국량(局量)을 살펴서 교육을 빠르게 하거나 천천히 해야 한다. 그 때문에 교육보다 선행되어야 할 것이 사람을 '헤아리는 일'이라고 본 것이다. 사람을 헤아리는 「측인문」이 사람을 가르치는 「교인문」보다 먼저 배치된 이유다.

그렇다면 이제 최한기가 어린이를 대상으로 가르침에 대해 언급한 부분을 살펴보자. 먼저 『인정』 8권인 「교인문」에 실린 「어린이를

『인정』은 1860년 최한기가 저술했으며 전체 분량은 25권 9책이다. 이 중 8권이 「어린이를 가르치기」이다.

「인정」 중, 국립중앙도서관

가르치기」를 보자.

- 남자아이나 여자아이를 가르칠 때는 『소학』을 기준에 두되, 기운과 품격, 재주와 역량을 헤아려 이끌어 주거나 억제해 주어야 한다.
- 옛날과 요즘의 차이를 고려하여 가감해야 한다.
- 지나치게 채근하거나 압박하지 말고, 기를 북돋워 주어야 하며, 방자하지 않게 기를 고양시켜 주어야 한다.
- 노인을 존경하고 웃어른에게 공손하도록 해야 하며, 기를 거스르지 않도록 해야 한다.
- 친구를 믿음으로 대하게 하며 기가 더욱 보완되고 자라도록 길러 주어야 한다.
- 장차 어떤 사람이 되어 무슨 일을 할 것인가를 고려하여, 무엇을 가르칠지 정해야 한다.
- 자질에 따라서 공부하게 하고, 정신과 기운이 밝아지도록 기다려 주어야 한다.
- 말하기를 가르칠 때는 글쓰기와 독서를 통해 해야 하고, 논리를 길러 주려면 산수를 공부하게 해야 한다.
- 부모와 스승에게 배운 것이 그 아이가 평생 동안 배우고 길러야 할 근본이 된다. 아이가 다 자란 뒤에는 그의 성공 여부가 오직 자기 자신에게 달린 것이라고 하겠지만, 어려서 잘 가르치지 못해서 비뚤

어진 습관을 갖게 한 것이라면 그 책임이 과연 누구에게 있겠는가?
- 아이가 자라면서 저절로 깨닫는다면 다행이지만, 잘못 가르친 탓에 점점 더 진로를 찾지 못하고 헤매게 된다. 기운이 약한 사람은 잘못된 태도에 물들 수 있는데, 그러면 안 된다. 그러므로 아이의 기를 잘 파악해서 길러 주고 이끌어 주어야 한다.

『인정』8권, 「교인문·1: 어린이를 가르치기」

최한기는 조선 후기에 과거 제도가 부패한 것을 개탄했다. 능력이 있어도 제대로 등용되지 못하는 현실을 안타까워했다. 그는 과거 시험이 종이에 답을 적는 필기시험만으로 이루어지는 것에 반대했다. 시험관이 직접 응시자를 만나 질문하고 대답을 듣는 면접시험을 봐야 한다고 주장한 것이다. 면접시험의 필요성은 최한기뿐 아니라 윤기(尹愭, 1741~1826)도 주장한 바 있다. 면접시험을 통해 과거 응시를 둘러싼 부정과 부패, 비리가 줄어들 수 있다고 보았기 때문이다. 시험지 바꿔치기, 대리 시험 등의 부정부패가 만연했던 탓이다.

최한기는 면접관이 사람을 보는 안목을 갖추어야만 면접시험이 효과를 거둘 수 있다고 보았다. 그때 사람을 보는 안목이 바로 앞서 제시한 네 가지 요소였다. 그리고 그 모든 것은 '기'로 수렴되었다. 인재가 되기 위해 필요한 것이 바로 '기'를 기르는 것이었고, 그것은 어려서부터 길러 주어야 한다고 생각했다.

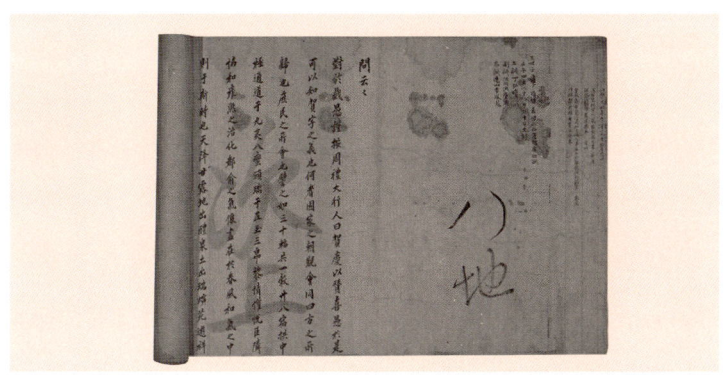

조선시대 과거 시험의 합격 여부는 글쓰기로 결정되었다. 심상기라는 인물의 과거 시험 답안지이다. 이때 심상기는 31세였고 초시에서 차상을 차지했다. 「심상기증광초시답안지」, 조선, 국립중앙박물관

최한기는 언어 능력과 수리 능력을 모두 존중한 교육자이기도 했다. 글쓰기 중심의 조선시대 교육에 대해 수리 능력과 논리력을 강조한 것은 중국을 통해 서양의 학문을 배우고 익혀 견문을 넓혔기 때문에 가능한 판단이었다. '말하기를 가르칠 때는 글쓰기와 독서를 통해 해야 하고, 논리를 길러 주려면 산수를 공부하게 해야 한다.'는 조언은 그의 폭넓은 독서와 지적 편력의 결과이기도 했다. 또한 독서와 수학, 둘 다를 강조한 것은 실용성을 강조하는 실학자다운 판단이었다. 그는 '기'를 존중했기 때문에, 아이를 위축시키거나 채근하는 것이 오히려 아이의 재능과 역량을 키우는 데 방해가 된다고 판단했다. '아이를 기다려 주어야 한다'는 발언에는 기, 기질, 재량을 존중하고자 한 최한기의 철학이 반영되어 있다.

인간에 대한 보편적 성찰과 어린이 관념

'어린이에게 무엇을 어떻게 가르칠 것인가'에 대한 최한기의 고민은 오직 어린이만을 특권화한 영역에서 출발하지 않았다. 그는 인간이란 무엇인가라는 고민 속에서 어린이 교육의 방법과 내용을 찾았다. 어린이를 인간이 성장하는 한 과정이자 출발점으로 보았기 때문이다. 어른들에게도 소질과 취향이 있듯이 어린이도 그러하며, 어른도 누군가는 어떤 것을 빨리 배우는데 어떤 사람은 천천히 배우게 되고 또 잘 배우지 못하게 되는 분야가 있듯이 어린이도 그렇다는 관점에서 출발했다. 기를 잘 파악해서 북돋워 주거나 억제해 주어야 한다고 본 것은 그가 보편적 학문으로 체계화한 인간학의 범주 안에서 내린 판단이었다.

최한기는 『인정』 11권, 「교인문·4」에 실린 「어려서 문자와 산수를 가르친다」에서, 실학자답게 어려서부터 글과 산수를 함께 가르치라고 제안했다. 글이나 산수는 어린이가 사는 데 긴요하지 않은 듯해도, 중년 이후에 배우게 되면 총명과 혈기가 무뎌져서 잘 되지 않는다고 했다. 요즘에는 도리어 글을 너무 빨리 배우면 좋지 않다는 견해도 제기되고 있다. 그러나 19세기에는 뒤늦게 문자의 세계에 입문하고 산수를 배우는 이들이 많았기 때문에, 어려서부터 배워야 한다고 주장한 것이다. 최한기는 조선시대에 조기교육의 중요성을 강조했다고도 볼 수 있다.

나아가 최한기는 어려서부터 수신·제가·치국·평천하하는 도리를 들려주라고 말했다. 이를 현대어로 풀이하자면, 자기 성찰, 가정의 운영(인간관계·역할 찾기·가정 경영), 국가 리더십, 세계화에 대한 대응 등에 해당한다. 최한기는 이에 필요한 자질과 태도를 어려서부터 길러 주어야 한다고 보았다. 내용적으로는 어린이와 어른의 경계를 두지 않았지만, '기'를 고려하는 차원에서 보면, 어린이와 어른의 차이를 인식하고 있었다고 볼 수 있다. 어린이와 인간의 경계 구분에서 보편성과 특수성에 대한 인식이 내용과 형식의 차원에 따라 선별적으로 고려되었음을 알 수 있다.

어린이에 대한 인식, 어린이 교육에 대한 태도나 사상, 신념은 어린이 문제로 한정되지 않고 사유 주체의 인간관과 세계관에 뿌리를 내리고 있다. 어린이에게 무엇을 어떻게 가르칠 것인가라는 질문 또한 사유 주체의 교육 철학과 지식에 대한 이해와 연결된다. 오늘의 어린이에게 무엇을 어떻게 가르칠 것인가를 질문하기 위해서는 오늘의 사회와 인간 문제에 대해 먼저 묻고 답해야 한다. 어린이에게 무언가 말하고 가르치려 할 때, 먼저 어른인 자신에게 같은 질문을 해 보고 응답함으로써 평등한 공생 관계를 이룰 수 있다는 판단을 19세기 사상가 최한기에서 들을 수 있었다. 이로써 '어린이' 문제를 '인간' 문제이자, '세계'의 문제로 관계 지어 생각해 보고자 하는 것이다.

지인지감,
한눈에 사람을 알아보는 감각

최한기는 사람을 알아보는 안목, 즉 측인에 대해 고민하고 그 구체적인 방법을 제시했던 학자였다. 이와 관련하여 연상되는 재미있는 이야기가 있다. 바로 조선시대 야담(野談)으로 유행했던 '지인지감(知人之鑑)' 이야기다. 지인지감이란 한눈에 그 사람의 미래, 가능성, 잠재력을 알아본다는 뜻이다. 이 이야기가 인기 있었던 이유는 한눈에 사람을 제대로 알아보는 능력에 대한 욕망이 존재했기 때문이다. 반대로 그만큼 사람의 정체를 알아보기란 어렵다는 뜻이기도 하다. 오랫동안 알던 사람에게 배신당하거나, 그 사람의 몰랐던 면을 발견하여 놀라는 일이 종종 있다. '열 길 물속은 알아도 한 길 사람 속은 모른다'는 속담은 사람이야말로 알기 어려운 복잡한 존재라는 의미를 담고 있다.

지인지감 이야기들은 하나같이 비슷하다. 대개는 신분이 낮고, 가난하고, 무식하고, 허름해 보이는 인물들이 사실은 매우 빼어난 재주와 능력을 지닌 사람들이었고, 결국은 안목 있는 사람에게 발탁되어 훌륭한 사람이 된다는 것이다. 겉으로 모자라고 남루해 보이지만 사실은 엄청난 잠재력이 있으며, 이것을 잘 닦고 계발하면 폭발적인 역량을 발휘할 수 있다는 이야기인데, 여기에는 신분주의 사회에 대한 비판이 담겨 있다. 동시에 능력주의 사회에 대한 열망이 잠재되어 있다.

이 이야기에서 '될성부른 나무'의 가능성을 알아보는 안목 있는 존재는 대개 여자들이다. 여자들 또한 조선시대에 제대로 된 사회적 역할과 지위를 가질 수 없었다. 그들은 남들이 무시하는 못난 존재들의 진가를 알아보고, 주변의 반

대를 무릅쓰고 그와 혼인하거나 딸과 혼인시켜 사위로 삼는다. 그로 인해 집안의 성공 가능성을 높인다는 이야기의 흐름은 조선시대라는 시대적 맥락에서 이해해야 할 부분이다. 한 여성이 마음에 드는 낯선 남자와 지속적으로 만나려면 가족으로 만드는 수밖에 없었다. 그리고 가능한 경우의 수는 남편이거나 사위일 수밖에 없었다.

이런 시대적 맥락을 고려했을 때, 이 이야기에서 두 가지 요소를 발견할 수 있다. 첫째는 여성의 재발견이다. 조선시대에 여성은 자신의 능력을 제대로 발휘할 수 없었다. 그러나 여자도 뛰어난 안목을 가질 수 있으며, 혜안의 소유자라는 것은 여성성에 대한 새로운 시선임에 분명하다. 둘째는 사람은 겉으로만 보아서는 그 진가를 알 수 없으며, 신분주의 사회라는 제약 때문에 능력이 있어도 쓰이지 못한 인재가 많다는 사실이다. 능력과 신분에 대해 재성찰할 기회를 주는 동시에, 신분주의 사회의 모순에 대한 비판의 시선을 담고 있다.

세간의 이야기 속에서 조선 후기 실학자의 인간관과 세계관과 합치되는 비판적 시선과 재발견의 안목을 발견할 수 있다는 것이 흥미롭다. 세계를 보는 방법과 안목에 대한 체계화된 사유 구조로서의 철학이란 철저하게 지식인의 몫임에는 분명하다. 그러나 그 안을 관통하는 세계 인식과 인간관의 시선은 세간을 떠도는 이야기에서도 발견된다. 철학과 문학, 지식과 상상이라는 서로 다른 프레임워크가 심층적으로 보면 그 맥락이 통한다는 사실은 시대정신의 보편성과 확장성을 보여주는 문화적 사례라 할 수 있다.

장혼(張混) 1759년 태어나 1828년 세상을 떠났다. 조선 후기 중인 문인이자 교육자이다. 자는 원일(元一)이고, 호는 이이엄(而已广)·공공자(空空子)다. 대대로 서울에 살았던 중인 집안 출신으로, 어려서부터 시에 재능이 있었다. 교서관 사준이 되어 서적 편찬에 전념하면서, 사서삼경을 비롯한 수많은 어정서를 교정했으며, 율곡의 「율곡전서」 등 문집류를 수정하고 교열해 간행하는 일을 했다.

　인왕산 옥류동 골짜기에 '이이엄'이라는 집을 짓고, 같은 처지에 있는 중인 출신의 위항시인들과 모임을 만들어 시 쓰기를 즐겼다. 1786년(정조10년) 여름에 천수경 등과 함께 송석원시사를 결성해 중심 역할을 하면서 함께 「풍요속선」을 간행했다. '이이엄 활자'라는 목활자를 만들어 많은 책들을 인쇄하고, 중인 시인들의 시문집을 간행함으로써, 중인 문화가 성행하도록 하는 데 기여했다.

어린이 교양,
어린이 문화 기획

_장혼 『**아희원람**』

지식과 교양

'지(知)'의 개념에 대해 새삼스레 생각해 보게 된 것은, 지식이란 '어떤 대상에 대하여 배우거나 실천을 통하여 알게 된 명확한 인식이나 이해'라는 사전적 정의를 넘어서, 일상적으로 이를 알아야 할 무엇으로 전제하는 '사고의 관습'과 연관되기 때문이다. 꼭 알아야 할 지식 개념이 존재한다는 것은 단지 지식에 대한 인간의 사랑과 앎의 욕구에만 기인하지 않으며, 인간이 사회적 존재로서 의미 있는 의사소통에서 소외되지 않고 자신의 위치를 찾으려는 인정 욕구와도 관련된다.

그런 점에서 지식은 사회 변동과 긴밀한 관련성을 맺고 있음을 이해할 필요가 있다. 변화하는 사회에 대해, 지식을 통해 그 방향과 의미를 탐구하고, 이를 체계화함으로써 통제하려는 욕구는 자연스럽게 지식의 공유를 지향하게 만든다. 그런 의미에서의 지식 개념이란 근대적 개념으로서의 '교양'과 공통분모를 지닌다.

사전적 의미에서의 교양이란 '학문, 지식, 사회생활을 바탕으로 이루어지는 품위, 또는 문화에 대한 폭넓은 지식'을 의미하지만, 학술적 영역에서는 '개인의 식견이 고매하고 광범위한 것으로서 학술 연구와 관련이 있는 것'으로 정의된다. 이것은 근대적 교양 개념이 도덕적 수양이나 인격적 완성과는 분리되어, 도덕에 대한 지식의 우위를 전제하는 방향에서 형성되었음을 시사한다.

사회 변동과 지식 개념의 변화

사회 변동에 따라 지식 개념은 변화하기 마련이다. 성리학은 조선시대의 주요한 지식 체계였으나 오늘날의 일상에서는 더 이상 지적 우선권을 갖지 못한다. 변화하는 세계의 흐름 속에서 지식은 다양하고 복잡해지고 있다. 몇 년 전부터 교양을 키워드로 하는 인문학 서적들이 베스트셀러로 부상한 것은 다변화되는 지식을 독서를 통해 습득하려는 대중의 욕망과 지향성을 보여준다.

일상에서는 인터넷을 통한 정보 수집이나 디지털 전자기기의 사용법을 익히는 것이 새로운 지적 활동으로 부각되었다. 지식의 본질이

창조와 이해에 있고 정보의 본질이 활용과 응용에 있다면, 현대 문화를 양적으로 지배하는 것은 물론 전자보다는 후자이다. 지식 구성보다는 정보의 활용, 창조보다는 응용이 대세가 된 현상은 오늘날 '지'에 대한 변화된 인식을 반영하고 있다. 그런 의미에서 현대의 지와 교양이란, 지식과 정보의 체계로 정의할 수 있을 것이다. 분명 전근대 시기의 교양 덕목이라 할 수 있는, 도덕적 수양이나 인격의 완성과는 분리되어 있다. 이런 면을 고려한다면 시대에 따라 교양의 의미와 내용이 달라지는 것은 자연스러운 일이다.

그렇다면, 항구 불변의 지식이란 근원적으로 존재할 수 없는 것일까. 만약 알아야 할 지식이 사회 변동과 세계 체제 변화와 연관된다면, 현대인들은 인간의 앎의 체계, 지식과 교양의 세계가 끊임없이 유동하는 불완전한 대상으로 존재할 뿐 절대적이고 영원불변의 것은 없다는 것을 진리로 받아들여야만 하는 것일까. 그렇다면 그 과정에서 어린이들은 과연 어떤 지식을 습득해야 하고, 또 그들에게 무엇을 어떻게 가르쳐야 하는 것일까.

19세기 중인, 장혼의 어린이 지식에 대한 관심

이러한 질문은 단지 속도감 있게 변화하는 세계를 살고 있는 현대인만의 고민은 아니다. 조선 후기의 저작인 『아희원람兒戱原覽』은 바로 이러한 고민을 반영한 시대적 산물로 등장했다.

『아희원람』은 19세기 중인이었던 이이엄 장혼이 지은 일종의 백과사전, 또는 어린이를 위한 지식 총람(總覽)에 해당한다. 장혼은 서울에서 태어나 교서관(校書館) 사준(司準)이 되어 서적 편찬에 전념했던 중인 지식인이다. 교서관이란 경적(經籍)의 인쇄와 향축(香祝: 제사에 쓰는 향과 축문), 인전(印篆: 도장에 새긴 전자(篆字))을 담당하던 관청인데, 주로 전문(篆文)에 능통한 문관이 임명되었다.

장혼이 담당했던 업무를 오늘날에 견주면 교정 담당 정도로 이해할 수 있는데, 그의 정확한 일처리 능력은 당시에 규장각 고관들의 인정을 받을 정도로 유명했다고 한다. 그는 글씨에도 능했던 만큼, 타이포그래피(typography: 글씨체나 배치 등에 관한 편집 디자인)의 감각을 갖춘 전문가이기도 했다.

장혼은 한쪽 다리가 불편했는데, 6세 때 소아마비를 앓았기 때문이라고도 하고 9세 때 개에게 물렸기 때문이라고도 한다. 그는 신분제 사회였던 조선시대에 양반이 아닌 중인인데다 신체적으로도 장애를 지닌 마이너리티였지만, '이만하면 만족한다'는 뜻의 '이이엄(而已广)'을 호로 삼을 만큼 세계에 대해 호의적이고 자족적인 태도를 지니고 있었다. 그는 자신의 처지를 비관하거나 불만을 품고 울분에 젖어 살아가는 대신, 중인 문화의 재건과 발흥을 위해 일종의 중인 문화 운동에 전념했다. 그의 낙관적인 전망과 건강한 정신에서 우

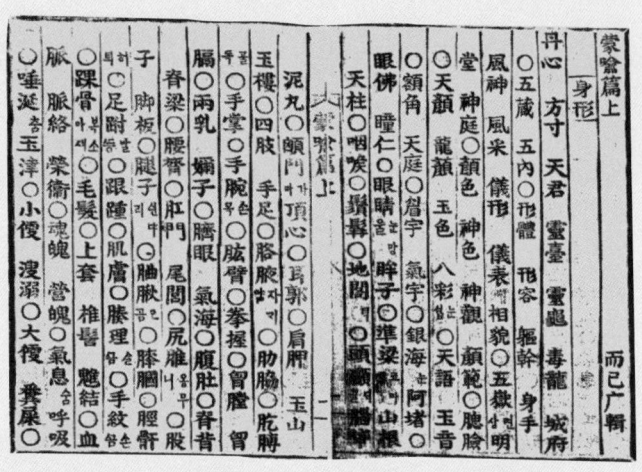

『몽유편』은 장혼이 1810년 펴냈다. 청소년 학습을 위한 책이며, 2권 1책으로 되어 있다. 장혼은 직접 목활자를 만들어 이를 이이엄활자라고 하였다. 『몽유편』은 이이엄활자로 찍은 최초의 책이다.

『몽유편』 중, 국립중앙도서관

러나온 태도인 것이다.

장혼은 중인들의 문예 모임이었던 옥계시사(玉溪詩社)의 일원으로도 활동했는데, 이는 일명 송석원시사(松石園詩社)라고도 불렸다. 옥계는 인왕산 동쪽을 흘러내리는 계곡의 이름이다. 시사의 구성원들이 주로 서울 인왕산 주변의 중인이었기 때문에, 시사의 명칭을 대신하게 되었다. 이때의 활동 자료가 아직도 남아 있어, 장혼의 아름답고 단아한 글씨체를 오늘날에도 감상할 수 있다.

장혼은 중인 자녀들을 가르치는 훈장이기도 했다. 이때 그는 중인들에게는 양반가의 아이들과는 다른 지식 체계를 가르쳐야 한다고 생각했다. 이러한 취지에서 저작된 것이 바로 『아희원람』이다.

어린이 교양 도서 『아희원람』의 세계

세상의 어떤 것도 원래부터 갖추어져 있던 것이 아니고 갑자기 만들어진 것도 아니다. 오늘날 새벽부터 저녁까지 열심히 갈고 닦는 사람들을 보면 모두 무언가 참고한 것이 있는 듯 보인다. 그렇지만 자세히 보면 그런 것이 없다. (……) 나는 평소 그들이 화려한 것만 많고 실속이 없는 것을 걱정해 왔다. 그래서 전거(典據)가 될 수 있는 고금의 사실과 글을 모을 필요가 있다고 생각했다. 여러 사상가들의 저술을 모으고, 온갖 책을 수집하고 돌이나 청동기에 새겨진 기록을 참조하고, 보고 들은 것을 참작하여, 무익한 것은 빼 버리고 긴요한 것만 요약하여 종류별로 모은 뒤, 하나하나 검토하면서 뽑아냈더니 전체 글자 수가 수만이었고 조목이 열 개가 되었다.

「아희원람 서문兒戱原覽 引」

위 글은 장혼이 쓴 『아희원람』 서문의 일부다. 장혼은 믿을 만한 참고 서적이 필요하다는 것을 절감하고 고금의 사실과 글을 모아 편집하고자 했다. 말하자면 그는 창작보다는 편집의 개념이 우선했던 저자였다. 장혼의 배움과 교육에 대한 개념에는 지식뿐 아니라 정보의 의미도 포함되었던 것이다.

『아희원람』은 총 10장으로 구성되었으며, 「수휘」와 「보유」라는 두 가지 부록이 별도로 첨부되었다. 이 구성은 장혼이 수립한 지식의 체계인 것이었다. 『아희원람』 10장과 부록의 제목과 내용이다. (왼쪽은 원문에 적힌 제목이고, 오른쪽은 이를 현대적으로 풀이해 적은 것이다.)

1장 「형기形氣」 - 우주와 자연 현상
2장 「창시創始」 - 인간의 삶과 인문 제도, 일상생활
3장 「방도邦都」 - 조선의 인문지리: 역사·관직·도시
4장 「국속國俗」 - 풍속과 문화
5장 「탄육誕育」 - 세계와 조선의 위인들

6장 「자성資性」 – 위인의 신체적 특징과 동물·곤충의 세계

7장 「재민才敏」 – 위인·천재의 특징과 일화

8장 「수부壽富」 – 장수하고 부를 이룬 사람들

9장 「변이變異」 – 특이한 자연 현상

10장 「전운轉運」 – 왕의 이름으로 엮은 중국사

붙임 「동국東國」 – 조선 왕들의 계보

부록1 「수휘數彙」 – 숫자와 연관된 개념어들

부록2 「보유補遺」 – 중국의 명사(名士)와 장수(將帥), 조선의 성씨 목록

『아희원람』은 '어린이가 알아야 할 모든 것'을 일종의 교양, '지'로 인식하면서 이를 일련의 박물학, 또는 백과전서로 구성한 책이다. 우주와 자연 현상, 인간의 삶과 일상생활, 조선의 역사와 도시 이름, 풍속, 세계의 위인과 조선의 위인 등을 별도의 장으로 구성한 것은 오늘날 어린이를 위한 도서 전집의 체계와 흡사하다. 이러한 구성은 『아희원람』을 '어린이 박물지', 또는 '어린이 교양서'로 분류할 수 있는 근거이기도 하다.

1장 「형기」는 우주와 자연 현상에 해당한다. 여기에서는 하늘과 땅과 사람, 해와 달, 별과 구름, 눈과 무지개, 안개와 바람, 은하수 등 자연 현상을 단어별로 나열하여 설명했다. 하나의 단어에 대해 깊이

있게 파고들기보다는, 어린이의 호기심을 자극하거나 응답하는 지식 입문서 역할에 초점을 맞추었다. 대부분 자연과학 지식을 소개하고 있지만, 오늘날과 같은 과학적 지식 체계와는 거리가 있다. 세간의 속설이나 전설, 상상된 이야기도 첨부했다는 점도 눈에 띈다. 이는 논증된 사실만을 지식으로 간주하지 않고, 상상이나 환상적 요소도 실제 삶에서 의미를 갖기 때문에 지식으로서의 자격 요건이 된다고 판단했던 것이다.

이러한 발상은 성리학의 세계를 존중하면서도 그로부터 일정 정도 자유로울 수 있었던 중인의 신분이기에 가능했다. 예컨대, 달을 설명하면서 '달 속에 물결무늬 사물이 있는데 바로 산과 강이 비친 그림자이고, 그 속에 비어 있는 곳은 바닷물이 비친 그림자다. 달 속에 있다는 두꺼비와 계수나무는 땅이 비친 그림자이고, 비어 있는 곳은 물이 비친 그림자이다.'라는 설명에는 당대의 과학적 지식 체계로 달을 설명하려는 관점이 개입되어 있다. 그런데 '달에는 토끼가 산다. 달에 있는 최고의 정기가 모여서 동물이 된다'고 서술한 것을 보면, 그는 어린이에게 과학뿐만 아니라 문학과 상상력도 필요하다고 생각했음을 알 수 있다.

2장 「창시」에서는 옷·음식·집·농사·혼례·글자와 글씨·그림·산수·달력·신분·학교·그릇·문구·술·춤과 놀이·악기·놀이·책·단위 등 인간의 삶과 인문 제도, 일상생활의 필수 항목들을 단어별로 나열

유교의 덕목 중 '치(恥)'를 그린 문자도이다. 치는 치격(恥格), 즉 자신의 행동에 부끄러움을 알고 바로잡아야 한다는 의미를 담고 있다. 그림에 보이는 토끼와 매화는 모두 수양산에서 절개를 지키기 위해 달, 매화와 더불어 살았던 백이와 숙제의 고사를 상징한다. 그림에 담긴 이야기를 통해 역사에 대한 이해와 수양, 처신 등의 가치관을 배우게 했던 조선시대 문화를 보여주는 예술 양식이다.

「문자도」 중, 조선 19세기 후반, 국립민속박물관

하고 설명을 첨부했다. 1장에서 '사람은 천지의 기 중에서 가장 뛰어난 기로 이루어졌으며 만물의 영장이다'라고 정의했던 만큼, '사람'과 '인문 제도', '일상생활'을 다룬 둘째 장은 전체 10장 가운데 가장 큰 비중을 차지한다. 주로 사물과 제도의 유래와 기원을 설명하려는 데 초점이 맞추어져 있다. 몇 가지 예를 들어본다.

- 그림(畵): 사황씨(史皇氏)가 만들었다. 신라의 중 솔거는 벽에 소나무를 그렸는데, 종종 참새가 날아들었다.
- 안경(眼鏡): 안경은 일명 애체라고도 한다. 본래 서양에서 만들어졌다. 명나라 때 중국인이 처음으로 만드는 법을 배웠다.
- 가무(歌舞): 음강씨가 세상의 왕이었을 때, 사람들은 계속 발이 붓는 것을 싫어해 노래와 춤을 만들어 관절의 피를 통하게 하고 부드럽게 하였다. 또 춤은 도당씨 때부터 있었고 노래는 갈천씨 때부터 있었다고 한다. 모두가 상고시대이다.
- 해금(奚琴): 원래는 해호(奚胡)의 악기였는데 당나라 때 중국에 전해졌다. 혜강(嵇康)이 만들었다고도 하는데 잘못 전해진 것이다.
- 배우(呈才人): 배우는 원래 중국의 배우, 또는 환술사다. 몇 대를 지나 고려 말에 전래되었다. 노국대장공주가 고려에 올 때 이들도 따라왔다고 한다. 신하 진흥왕은 미남자를 뽑아 곱게 화장을 시켜 화랑이라고 하였다.

조선 후기 작품에서 안경을 쓰고 바둑을 두는 사람을 볼 수 있다. 놀이에 집중한 어른들의 표정이 학문을 탐구할 때만큼이나 진지해 보인다.

「바둑두기」 중, 조선 후기, 국립중앙박물관

- 언문(諺文): 우리 세종시대에 친히 만들어 훈민정음이라는 이름을 붙였다. 민간에서는 반절(反切)이라고 한다.
- 이두(吏讀): 신라 설총이 처음 만들었다.
- 논어(論語): 1만 2700자이다.

이 장에서는 중국과 조선의 풍속과 문물에 대한 다종다양한 지식을 소개했다. 정보의 망라성·시의성·정확성·지역성·실용성 등을 염두에 두었음이 주목된다. 각양각색의 단어에 대한 유래와 지식이 총합되었을 뿐더러, 당시에 서양에서 수입되어 조선 지식인들 사이에서 유행했던 안경이 소개되어 있을 정도로 시의성을 고려하고 있다.

조선에 대한 지식에도 관심이 높아서, 솔거의 사례를 들기도 하고 언문과 이두 같은 조선의 문화에도 관심을 기울였음을 알 수 있다. 특히 언문과 이두는 중인들이 실제로 업무나 일상생활에 활용했고, 장혼은 이를 중요한 중인 문화의 한 요소로 간주했던 것이다. 『논어』 등의 경전을 열거하며 각 경전의 글자 수를 병치했는데, 이를 모두 합하면 48만 5228자로, 하루에 3백 자씩 읽으면 4년 반이면 마칠 수 있다고 하여, 꽤 실용적인 공부 계획도 제안한 것이 흥미롭다. 신분제 사회였던 조선시대에 중인이기에 가질 수 있었던 실용성과 생활 감각을 바탕으로 새로운 지적 영역을 창출하고 확산하고자 했던 장혼의 안목이 돋보이는 지점이다.

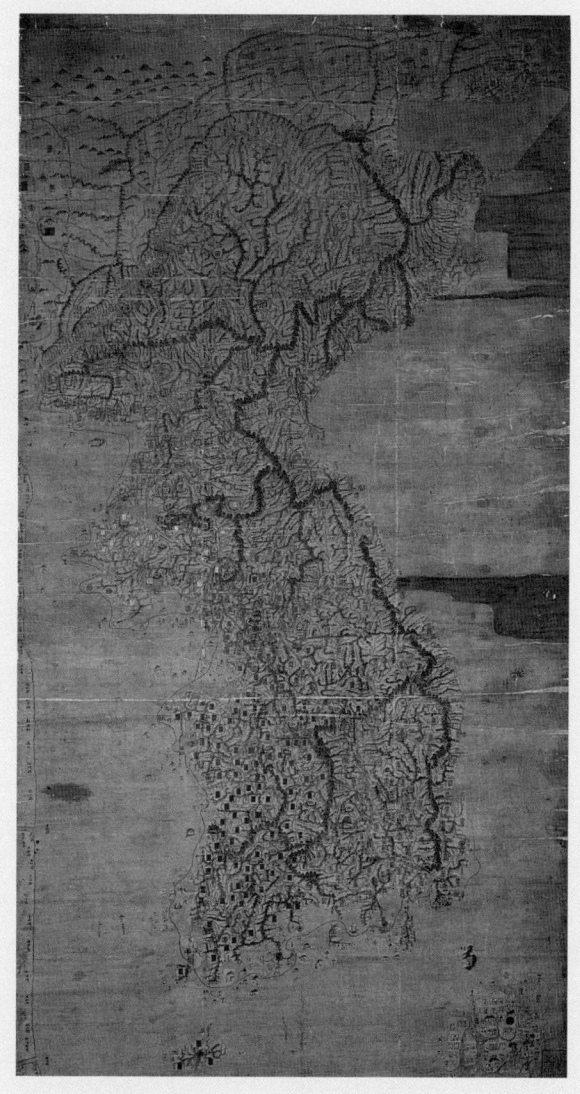

이 지도는 「동국지도」를 필사한 것으로 알려져 있다. 「동국지도」는 18세기 전반에 정상기가 만든 지도로 교통로와 여러 지리 정보를 기호와 색으로 표시했다. 국토의 윤곽도 비교적 정확하게 그려졌다. 당시에 가장 정확한 지도로 평가받았다.

「동국대지도」, 조선 18세기, 국립중앙박물관

3장 「방도」에서는 조선의 역사·관직·도시를 다루었다. 이는 일종의 인문지리 영역에 해당한다. 장혼은 중인 집안 아이들이 알아야 할 지식의 내용으로 조선의 역사상 국가 시조들, 단군 이야기, 관직의 세부 명칭들, 조선 8도와 그 세부 지명들을 나열했다. 요즘 아이들이 도시 이름을 비롯해 일련의 명칭을 나열하는 것을 놀이로 즐기는 것처럼, 『아희원람』에서도 그 세목들을 나열하여 아이들이 알아야 할 지식으로 제안한 것이 흥미롭다.

『아희원람』에 실린 조선의 역사는 단군으로부터 기술된다. 이어서 신라 시조 혁거세, 석탈해, 미추왕, 궁예, 고구려 동명왕 주몽, 가락국의 김수로, 탐라국 시조 등의 역사가 간략하게 실려 있다. 『삼국유사』의 기록에서처럼 알에서 태어난 박혁거세와 주몽, 김수로, 상자에 담겨 강물에 떠내려 온 석탈해 이야기는 다분히 신화적 상상력을 포함하고 있다.

이어지는 도읍의 역사에 대한 지식은 매우 실용적이다. 장혼이 일종의 상식이나 정보의 형태로 정리된 역사적 지식이 중인 어린이들에게 필요하다고 판단했음을 알 수 있다. 특히 관직의 부서나 직위(品秩)를 열거함으로써 행정 관리로 자라날 아이들에게 필요한 지식과 정보를 일목요연하게 정리하여 제공하고자 한 것은, 실용성에 바탕을 둔 업무 능력을 길러 주려 한 장혼의 교육관이 드러난 지점이다.

4장 「국속」은 조선의 문화를 항목별로 소개한 것으로, 옛날과 현재를 망라하고 있다. 다리밟기 놀이가 고려 때 시작되었다든가, 약밥이 신라시대 궁궐의 비화에서 유래되었다는 것, 동짓날 팥죽을 먹는 이유 등, 전통 풍속을 짧은 이야기 형식으로 재미있게 소개했다. 주로 문화와 풍속의 구체적인 세목에 대한 유래와 기원을 서술하고자 했는데, 이는 제도를 일종의 역사적 지식으로 수용하고자 했던 장혼의 문화사적 시각을 보여준다.

장혼은 상세하게 근거를 들어서 판단을 뒷받침하려는 논증적 태도를 보이기보다는 확정된 지식을 간략하게 서술하고 있다. 어린이를 포함한 독자들의 삶에 필요할 법한 역사 정보를 정리하여 제공함으로써 실용성·역사성·정보성에 대한 요구를 충족시키고자 한 것이다. 18세기부터 유행하던 담배 항목을 어린이책에 서술한 것을 보면, 어른들의 유행 문화도 아이들의 지식 영역에 포함시켰음을 알 수 있다. 『아희원람』의 「국속」 장에 실린 몇 가지 풍속을 소개하면 다음과 같다.

- 유두절(流頭節): 신라의 옛 풍속으로, 이날은 동쪽으로 흐르는 물에 목욕하고 제사를 지내며 잔치를 벌인다. 이를 유두연(流頭宴)이라고 한다.
- 약밥(藥飯): 신라 소지왕 정월 15일에 편지를 물고 와서 우는 새가 있었다. 편지 겉봉에 '봉투를 열면 두 사람이 죽고, 열지 않으면 한 사람이 죽는다'고 적혀 있었다. 봉투를 열고 편지를 보니 '거

문고 궤를 활로 쏘아라'라고 적혀 있었다. 왕이 궁궐로 돌아와 거문고 궤를 활로 쏘았다. 그랬더니 내전에서 향불을 피우고 수행하면서 왕비와 사통하는 중이 궤 안에 있었다. 왕비와 중을 죽였다. 이때부터 나라 사람들이 이날에 찹쌀밥을 지어 새에게 먹였다.
- 팥죽: 공공(共工)의 못난 아들이 동짓날 죽어 역질 귀신이 되었다. 그 아들이 팥을 두려워하였기 때문에 사람들은 팥으로 죽을 만들어 액운을 물리쳤다.
- 담배(南靈草): 지금은 연다라고 부른다. 다른 이름은 담파고(淡巴菰. 淡婆姑라고 적음)이다. 왜에서 난다. 또는 남만(南蠻)에서 전해졌다고도 한다.
- 여성의 재혼 금지(禁改嫁): 우리 조선의 성종조에 비로소 재혼한 여성이 낳은 자손을 동서반의 관직에 서용하지 못하게 하라고 명령을 내렸다.

5장 「탄육」과 7장 「재민」은 오늘날의 위인전과 공통점이 있다. 세계의 위인과 조선의 위인 이야기를 열거하면서, 아이들이 역할 모델로 삼을 만한 삶의 전범을 보여주려 했다. 그러나 위인 '전(傳)'이라고 할 만큼 전 생애의 내용을 담고 있지는 않다.

5장은 역사적 성인들의 탄생과 성장에 관한 서술을 다루었다. 기이하고 신화적인 탄생을 기록하고 있어, 평범한 인간의 출생과는 다른 층위에 의미를 부여하려 했음을 알 수 있다. 성인의 탄생을 둘러싼 특이한 출생 과정을 서술한 것은 독자로 하여금 해당 인물에 대한 호기심과 흥미를 갖게 하려는 의도로 해석된다. 예컨대 팽조의 생애를 서술하거나 장점을 기술하는 대신, 그가 어머니의 옆구리에서 태어났다든가, 부인이 49명에 자식이 54명이라는 것을 적은 것이 그러하다.

6장 「자성」에서는 역대 영웅과 위인들의 모습과 성품의 특이한 점을 소개했다. 여기에는 신화적인 내용도 있으며, 전설로 전해지는 기이한 외모에 대한 소개도 실려 있다. 뒤에는 동물과 곤충에 대한 흥미로운 정보도 적었다.

- 천황씨는 혀가 세 개이고 몸은 비늘로 덮여 있었다.
- 복희씨는 뱀의 몸에 사람 머리를 하고 있다.
- 한비, 주창, 사마상여, 양웅, 등애는 모두 말을 더듬었다(초수는 말을 더듬어서 말하지 않았는데, 술에 취하면 마치 활을 쏘듯이 말했다).
- 신라의 김유신은 등에 북두칠성 모양의 점이 있었다. 궁예는 태어날 때부터 이가 나 있었다. 키가 18척이고 발은 3척이었다.
- 물고기는 눈을 감지 않는다. 용은 돌을 보지 못한다. 물고기는 불을 보지 못한다. 공작은 해가 지면 보지 못하고, 올빼미는 낮에 보지 못한다.

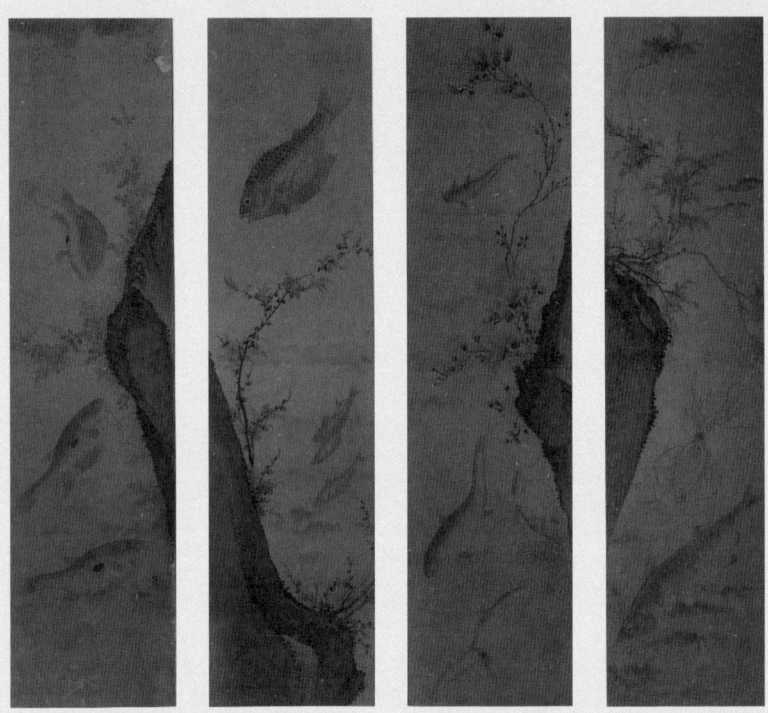

물고기 그림은 물고기가 변하여 용이 된다는 '어변성룡(魚變成龍)'이라는 의미를 담고 있어, 자식의 과거 급제와 입신출세를 바라는 마음으로 공부방에 걸어 놓았던 그림이다. 그중에서 물고기 세 마리를 그린 그림은 '삼여도(三餘圖)'라고도 하는데, 이는 밤·비 오는 날·겨울을 세 가지 여가 시간으로 여겨 독서와 학문에 매진하라는 선비 정신을 담고 있다. 물고기 어(魚) 자와 여가 여(餘) 자의 발음이 유사하기 때문에 붙여진 제목이다. 그 밖에도 물고기는 밤낮으로 눈을 뜨고 있어 사악한 기운을 막아 준다고도 여겨졌으며, 다산의 상징으로도 알려져 복을 부르는 길상도에 널리 그려졌다.

「어해도」 중, 조선 19세기 후반, 국립민속박물관

『아희원람』은 백과사전 성격을 지니고 있었기 때문에, 항목에 따라 중국과 조선의 역사에서 관련된 정보를 열거한 것이 특징이다. 위인과 영웅은 능력과 자질뿐만 아니라 용모와 취향도 독특했다는 점을 강조했다. 곤충과 동물의 사례도 적음으로써, 과학적 지식과 정보도 제공하고자 했다.

7장에서는 천재적인 재능을 가진 인물들의 일화를 적어 모범으로 삼을 만한 태도나 능력이 무엇인지를 자연스럽게 파악할 수 있도록 배려했다. 장혼이 주목한 천재성의 내용은 말하기, 글쓰기, 시 쓰기, 글 읽기 같은 언어 능력, 자기 인식, 경전 외기, 효심, 학문 능력, 비평 능력, 업무 능력, 용맹, 정치적 능력 등이다.

사안(謝安)은 네 살 때 밝고 큰 품위를 갖추었고 임방은 네 살 때 시 수십 편을 외웠다. 소대환(蕭大圜)은 네 살 때 『삼도부三都賦』『효경孝經』『논어』를 외웠다. 소영사(蕭潁士)는 네 살 때 글을 지었고 책을 한 번 읽으면 바로 외웠다. 서현비(徐賢妃)는 네 살 때 『시경』과 『논어』를 외웠다. 권덕여(權德輿)는 네 살 때 시를 지을 수 있었다. 우리나라 박은(朴訔)은 네 살 때 책을 읽을 수 있었다. 율곡 이이는 네 살 때 글의 뜻을 해석했다.

위에 열거된 신동 중에서 사안(320~385), 소대환, 소영사, 서현비

(627~650)는 중국의 문인들이며, 권덕여(1518~1591)와 율곡 이이는 조선의, 박은(1370~1422)은 고려의 문인이다. 이들은 모두 어려서부터 신동으로 유명했던 문인이다. 서현비(627~650)는 당나라 태종의 비(妃) 서혜(徐惠)로, 이들 중에는 유일하게 거론된 여성이다.

장혼은 중국과 조선의 문장가, 정치가들이 어려서부터 품위가 있었고, 책 읽기와 시 쓰기, 경전 외기 능력이 남달랐음을 열거했다. 어린이가 자신의 뛰어난 잠재력을 드러낸 시 쓰기 연령으로 장혼은 '네 살'에 주목했다. 말하자면 중국과 조선의 신동들은 대개 네 살쯤이면 잠재력을 드러냈다고 보았다.

장혼이 천재성을 판별하는 기준은 문식력(文識力)으로 요약된다. 이것은 장혼만의 특이한 기준이 아니라, 당시 조선 지식인들의 공통된 판단이었다. 다시 말해 글을 읽고 외고 직접 쓰는 문자 행위와 언어 능력이 천재성을 드러내는 단초가 된다고 본 것이다. 여기에는 교육의 시작을 글을 읽고 쓰고 외는 능력으로 간주했던 조선시대 교육관의 한 면이 반영되어 있다.

장혼은 중국과 조선의 신동에 대해 알아 두는 것이 어린이 교육에 이롭다고 여겼음이 분명하다. 자기보다 뛰어난 역사 속의 어린이들을 확인하는 것이 아이들에게 분발심을 갖게 하리라고 기대한 것이다. 장혼은 어려서부터 빼어난 자질을 발휘하고 연마하면 훌륭한 문장가가 될 수 있다는 믿음을 가졌던 듯하다.

7장의 마지막에 장혼은 '그림의 힘은 오백 년을 가고, 글의 힘은 팔백 년을 가며, 문장은 영원토록 길이길이 새롭다'고 함으로써, '문장 능력'을 가장 중요한 교육의 덕목으로 강조하였다.

8장 「수부」에서는 장수한 이들과 부자(富者)를 열거하고 그 한계를 소개했다. 수(壽)와 부(富)라는 세속적 욕망을 부정하고 청렴결백의 도리를 강조하지도 않았지만, 양생법(養生法)을 소개하여 어떻게 하면 오래 살 수 있는지를 알려 주지도 않았다. 대신, 최고의 수와 부를 누린 이들을 소개함으로써, 이를 지식으로 포용하는 형태로 긍정했다.

- 황제는 110살까지 살았다. 소호씨는 100살까지 살았다. 전욱은 98살까지 살았다. 제곡은 105살까지 살았다.
- 우리나라의 수로왕은 159살까지 살았다. 고구려의 태조왕은 119살까지 살았다. 장수왕은 100살까지 살았다. 차대왕과 신대왕은 모두 100살 가까이 살았다.
- 하등은 하루 밥 먹는 비용으로 만 전을 썼다. 자소는 하루에 2만 전을 썼다. 화교는 하루에 3만 전을 썼다.
- 원재는 음식물과 그릇이 3천 가지나 되었다.
- 채경은 부엌에서 일하는 여자 종이 수백 명이었고 요리사가 15명이었으며 매번 잡는 메추라기가 천여 마리였다.

화로에서 장수를 뜻하는 수(壽)자 변형 무늬를 볼 수 있다.

화로, 20세기, 국립민속박물관

장수와 부는 조선시대에 '복 있게 나이 들기(福壽)' 위한 필수 조건으로 거론되었다. 조선의 선비들은 부귀한 장수를 좋게 평가했으면서도, 부 자체를 노골적으로 드러내거나 강조하는 것은 회피했다. 조선시대 선비들이 가장 존중한 덕목은 '덕이 있는 장수' 즉, '덕수(德壽)'였다. 덕수란 인격적 완성을 이루며 나이 들기를 의미했다. 인격 수양을 강조하던 조선시대에 덕수는 복 있게 장수하기 위한 가장 기본적 요소였던 셈이다.

그런데 장혼은 장수와 부자를 한 장에서 다룸으로써 잘 나이 들기 위한 실질적 덕목을 가르치고자 했다. 이러한 태도는 안빈낙도라든가 청빈이라는 사대부 윤리와는 구분되는 문화적 인식을 보여준다. 물론 개인이 부를 축적하는 것을 경계했던 사대부들도 나라의 부는 인정했던 것을 보면, 부 자체를 전면적으로 거부했다고는 할 수 없다. 또 경화벌열(京華閥閱)의 경우에는 부를 바탕으로 호사스러운 문화 취향을 누리는 경우도 많았다.

그럼에도 사대부들은 드러내 놓고 부에 대한 관심을 표현하거나 부를 추구하지는 않았다. 장혼 또한 부를 추구했다거나 부자가 되는 법을 소개하지 않았다. 다만 역대의 뛰어난 문장가를 소개하듯이 희대의 부자들 정보를 열거하여, 부자에 대한 존중과 호감, 지향성을 반영한 것만은 분명하다.

9장 「변이」는 흥미로운 기상 이변에 대한 기록들인데 인간과 자연의 조응을 상정한 경우가 많다. 고구려가 망할 때 동명왕 어머니의 초상화에서 피눈물이 흘렀고, 평양의 물이 사흘 동안 붉었다는 사례에는 인간과 자연의 교감에 대한 인식이 반영되어 있다.

이러한 기이한 사례들은 어린이 독자의 관심을 모으고 호기심과 흥미를 자극하기에 충분하다. 이는 장혼이 어린이의 성향이나 심성 체계를 이해하고 있었음을 보여준다. 예측을 벗어난 자연 현상을 소개함으로써, 세상에 대한 호기심을 환기하고 흥미로운 세계에 대한 관심을 촉발시킨 것이다. 어린이 독자를 배려한 장혼의 문화 기획이 돋보이는 지점이다.

10장 「전운」은 '왕의 이름으로 엮은 중국사'에 해당한다. 당시에 중국의 위상은 세계를 대변할 만큼 막강했다. 장혼은 중국 왕의 계보를 나열하는 형식으로 중국에 대한 지식 차원의 접근을 했다. 현대적으로 이해하자면 일종의 '간략한 세계사 편람'이라 할 수 있다. 장혼은 이에 상응하는 조선사가 필요하다고 판단했고, 「전운」 뒤에 「동국」란을 두어 단군부터 기자, 신라에서 조선까지 왕들의 이름을 나열했다. 주체적인 역사의식이 돋보이는 부분이다.

본문의 체제에 이어 두 편의 부록을 두었다. 「수휘」에서는 천(天), 지(地), 인(人)과 관련된 숫자로 된 단어, 개념어 들을 소개함으로써, 어린이가 세계를 개념적으로 파악하는 훈련을 할 수 있게 했다. 이러한 기획은 교육 방법과 효과를 고려한 고등 교육 체계에 속한다. 여기에는 인문, 제도, 윤리와 관련된 어휘들이 포함되는데, 숫자놀이 형식을 환기하고 있어 유희적 효용성도 고려했음을 알 수 있다. 「보유」에는 중국의 명사와 장수들, 조선의 성씨 목록을 소개했다. 전문 기술직, 또는 행정직 관리가 될 장래의 어린이들이 알아 두면 좋을 상식을 미리 학습하도록 배려하는 동시에, 해당 인물에 대한 지적 호기심을 품을 경우, 인간과 세계에 대한 이해를 확장해 갈 수 있는 가능성을 열어 준다고 보았던 것이다.

중인 어린이를 위한 박물학적 문화 기획

　이상과 같이 『아희원람』의 체제 구성은 매우 창의적이다. 무엇보다도 아이들이 호기심과 흥미를 가지고 지식에 접근할 수 있도록 기획한 것이 돋보인다. 무조건 많은 정보와 지식을 담아내기보다는 지식의 확장 가능성을 교육자와 독자 모두에게 열어 놓은 것이다. 대상 지식에 관심을 기울일 수 있도록 간략한 정보를 일종의 단서나 키워드처럼 제시한 것도 어린이의 눈높이를 고려한 구성이다. 무엇보다도 어린이에게 다양한 지식과 정보를 제공하면서도 그 수용 가능성을 상정했기 때문에, 너무 많은 정보량 때문에 읽는 이가 숨 막히지 않도록 배치한 것이 돋보인다.

　또한 『아희원람』은 주요 독자가 중인의 자녀라는 것을 고려하여 사대부 자녀를 대상으로 한 어린이 교재와 차별적인 구성 방식을 택했다. 조선시대 중인에게 허용된 최고의 현실 가능한 사회적 진출은 행정 전문직 관리가 되는 것이었다. 따라서 이들에게는 실용적인 전문 지식을 익히는 것이 일종의 업무 능력이나 소양으로 요구되었다. 또한, 교정이나 교감, 번역과 통역 등의 언어 능력이나 서예나 전각 등의 예술적 소양 및 그에 대한 감식안 등, 숙련된 수준의 기술과 능력, 안목을 필요로 했다. 『아희원람』의 체계와 그 기획을 분석해 보면, 장혼은 중인 어린이가 갖추어야 할 이러한 소양을 아동기부터 발양해

야 한다는 생각을 가졌던 것으로 보인다.[6]

『아희원람』은 조선과 세계의 역사, 우주 원리와 천체 변화, 자연 현상과 기상 이변, 조선의 풍속과 문화, 인문 제도의 여러 요소와 일상 생활, 인생관과 가치관의 모델로 삼을 만한 유명 인사와 위인들을 백과사전식의 열람 가능한 지식 체계로 제시하면서, 어린이 독자들이 지적 편력을 경험하고 이를 확장할 수 있는 가능성을 열어 놓았다. 동시에 어린이 독자가 이를 수용하여 확장할 수 있도록 배려했다. 그러면서도 일원(一元), 이기(二氣), 삼재(三才), 사시(四時), 오색(五色), 육갑(六甲) 등 '숫자로 된 단어와 세상'이라는 유희적 감각을 갖출 수 있도록 기획했다. 이러한 면모들은 장혼을 참신한 지식 기획자, 또는 문화 기획자로 호명하기에 충분하다.

21세기 어린이 교양의 가능성

『아희원람』은 조선시대의 어린이 백과사전, 어린이 교양서라 할 수 있다. 장혼이 이 책을 저작할 수 있었던 것은 그 자신이 지식의 체계

---

[6] 그렇다고 장혼이 『아희원람』에 실린 실용 지식과 흥미로운 정보를 중인 어린이가 알아야 할 모든 것으로 간주했다든가, 중인 어린이가 알아야 할 지식 세계를 제한적으로 상정함으로써, 그들의 앎에 대한 요구나 지식 범주에 한계를 두었다고 주장하는 것이 아니다. 이 글에서는 다만 장혼이 중인 어린이라는 특정한 대상에 대한 세부적인 문화 기획의 시선을 가지고 『아희원람』을 출간했음을 강조하고자 한다.

적 구성에 대한 창의적 안목이 있었기 때문이기도 하지만, 무엇보다도 17세기 이후 조선에 성행했던 유서(類書)의 전통에 기인한 바가 크다. 유서란 다양한 서적에서 내용을 발췌하여 유형에 맞게 분류하여 편찬한 책으로, 오늘날의 백과사전과 유사한 개념이다. 널리 알려진 유서로는 이수광(李睟光, 1563~1628)의 『지봉유설芝峰類說』, 이익(李瀷, 1681~1763)의 『성호사설星湖僿說』, 이규경(李圭景, 1788~?)의 『오주연문장전산고五洲衍文長箋散稿』 등이 있다.

장혼의 탁월성은 바로 이러한 지식 체계의 변화를, 중인이라는 사회적 조건을 고려하는 한편 어린이라는 특정 대상을 겨냥하여 한 권의 교양서로 기획했다는 점이다. 장혼은 중인의 신분적 한계에만 갇혀 있지 않았다. 중인의 사회화 가능성을 최대화할 수 있는 방안을 모색하고자 했고, 중인 자녀들을 어린이 시절로부터 준비시키고자 했다. 그런 점에서 장혼은 뛰어난 중인 문인이자 교육자였을 뿐더러, 탁월한 안목을 지닌 문화 기획자이자 지식 기획자로 평가받기에 충분하다.[7]

장혼의 문화 기획에 비추어 오늘날의 어린이 교육 문화, 특히 교양 문화에 관해 생각해 보자. 오늘날, 어린이들은 어떤 지식을 습득하고 있는가. 그들에게 필요한 지식은 무엇이며 그것을 어떻게 제공해 주

---

7 덧붙여서 장혼이 중국 문화를 소개하면서 이에 상응하는 조선의 문화를 병치한 것도 주목할 필요가 있다. 조선 문화에 대한 이해와 자긍심을 드러냈고 당시로서는 '세계'에 해당하던 중국을, 조선이라는 장소와 연결지어 문화사적 서술을 했기 때문이다.

어야 할까.

영국의 『브리태니커 어린이 백과사전』이나 프랑스의 『라루스 어린이 백과』 등은 각국의 백과사전에 대한 어린이 버전의 출판물이다. 한국에도 번역본이 출간되었을 정도로 어린이 백과사전 분야의 대표적 도서로 손꼽힌다. 『어린이 동물도감』『어린이 식물도감』『어린이 세계사』『어린이 조선왕조실록』 같은 책들은 『아희원람』에 배치된 각 장의 주제가 한 질의 전집으로 재구성된 셈이다. 현대의 백과사전과 비교해 보아도 『아희원람』 기획의 규모와 안목을 재평가할 여지는 충분해 보인다.

그리고 정보화 사회를 맞이하여 대중 지성이나 집단 지성의 대표적 결실이라 할 인터넷상의 위키피디아(wikipedia)가 어린이 버전으로 재구성될 필요도 생각해 볼 수 있다. 예컨대, 어른이 어린이 눈높이에 맞추어 단어를 설명하는 방식이 아니라 어린이가 지식의 재구성 가능성을 타진해 보는 실험적 기획, 다시 말해 어린이가 주체가 된 집단 지성의 출현 가능성을 고려해 보는 것이다. 한편으로는 네티즌의 성격을 성별·나이·인종·국적·지역성을 넘어선 집단 지성의 원천으로 이해한다면, 구태여 어린이 버전의 위키피디아가 필요한 것인가를 되물을 수도 있다. 세계 변화와 지식 개념의 변화에 맞추어, 오늘의 어린이들에게 무엇을 가르치고 읽게 할 것인가, 또는 어린이 스스로 자기 미래의 가능성을 설계하고 확장시킬 기회를 어떻게 제공할 것인가에 대한 고민이 필요하다.

이러한 문제들을 19세기 중인 지식인이자 교육자, 또는 문화 기획자로서 장혼을 재조명하고 그가 기획한 저작 『아희원람』을 통해 사유해 보려 하였다. 새로운 문화 기획의 필요성을 인식하고 이를 창조적으로 실현해 내는 힘은, 당대 현실이 당면한 한계를 알아채고 그것을 돌파하려는 시도에서 만들어진다는 역사적 경험을 환기하기 위함이다. 무엇보다 그러한 문화 기획이 문화 주체에 대한 인식과 대상 범주를 동시에 재구성하는 힘을 생성하기 마련이라는 것을 19세기 중인 장혼과 그의 문화 기획의 산물 『아희원람』을 통해 재확인하고자 했다.

현대 사회에서 어린이 지식과 어린이 교양은 어떻게 가능한가. 질문이 생성되는 지점에 바로 응답의 생성 지점이 생겨난다는 것을 『아희원람』의 기획 의도와 그 결과물을 통해 타진해 보려는 것이다.

정약용(丁若鏞) 1762년 태어나 1836년 세상을 떠났다. 조선 후기 실학자이다. 자는 미용(美鏞)이고 호는 다산(茶山)·여유당(與猶堂) 등이다. 근기 남인 가문 출신으로, 16세 때, 이가환과 이승훈을 통해 이익의 글을 얻어 보고 그 학문에 깊이 감화를 받았다. 정조 때 출사했으나 가톨릭 교인으로 알려져, 같은 남인인 공서파와의 탄핵을 받고 해미에 유배되었다. 10일 만에 풀려나와 다시 등용되어 서양식 축성법을 참고하여 수원성을 만드는 데 기여했다. 그러나 병조참의로 있을 당시, 둘째 형인 정약전과 함께 주문모 사건에 연루되어 좌천되었다. 정조가 세상을 떠나자, 신유교난 때 장기 유배되었으며, 뒤에는 황사영 백서 사건에 연루되어 강진으로 이배되었다.

유배 기간 동안 학문에 몰두하면서 실학을 집대성하는 데 전념했다. 『경세유표』『목민심서』『흠흠신서』를 비롯해 총 500권에 이르는 방대한 저술을 남겼다. 그의 실학자적 면모는 경세치용과 이용후생의 정신을 학문적으로 실천한 다수의 저서를 통해 파악된다.

다산의 어린이 교육 문화 비평

_「천문평」「사략평」「통감절요평」

다산과 어린이

2012년은 다산 정약용 선생의 탄생 250주년이 되는 해다. 다산 선생은 조선 후기의 대표적인 문인으로서, 문학은 물론 경제·정치·사회·문화·예술·교육의 다방면에 관심을 가지고 저술 활동을 해온 실학자이다. 다산을 실학자로 호명할 수 있는 것은 경세치용(經世致用)과 이용후생(利用厚生)을 강조하면서, 그 구체적인 방법론을 저술 작업을 통해 실천해 왔기 때문이다. 다산은 정치적으로 파란 많은 생애를 보냈지만, 학문 연구와 저술, 후진양성에 매진하며 자기 앞의 고난을 승화적으로 극복하고 새로운 학인의 길을 개척한 인물이다.

다산의 어린이에 대한 관심을 새롭게 조명해 보자. 다산은 이용후생의 정신을 강조하면서 이러한 사상을 단지 이념으로만 두지 않고 구체적으로 실천할 방법론을 제시하고자 했다. 이는 자신의 문제의식과 이를 극복할 수 있는 대안을 구체적으로 제시함으로써, 학문의 사회적 실천을 지향했기 때문이다. 다산의 이러한 발상은 어린이에 대한 생각에도 반영되어 있다. 어린이에 대한 관심도 이용후생의 정신에 기반하여 전개되었다. 다산은 '교육 대상'으로서의 어린이가 지닌 문화적 위치를 분명하게 의식했다. 그로부터 나타나는 문제점을 조목조목 비판했고, 그 대안을 제시했으며, 실제로 이를 실천하는 저술 활동을 했다. 다산은 어린이가 인재로 성장하기 위해 필요한 교육 과정이나 교재 선택의 문제 등에 관심을 기울였다. 따라서 추상적으로 이론을 서술하는 차원에 머무르지 않고 구체적이고 실용적으로 비판하고 대안을 모색하는 것으로 이어졌다.

이를 대변해 주는 것이 다산이 어린이 교육과 관련해 쓴 세 편의 비평문인 「천문평千文評」 「사략평史略評」 「통감절요평通鑑節要評」이다.[8]

다산의 『천자문』 비판: 논리와 체계, 교육 과정에서 비롯된 오류를 비판

『천자문』은 조선시대 어린이들이 문자를 배우는 기초 교육서로서,

---

[8] 다산의 어린이 교육에 대한 최초의 언급은 임형택 선생님의 「전통적인 인문 개념과 정약용의 공부법」(『다산학』 18호, 다산학술문화재단, 2011년 6월 호)에 제시되었다. 이 글은 이 논문의 문제의식을 바탕으로 집필되었음을 밝힌다.

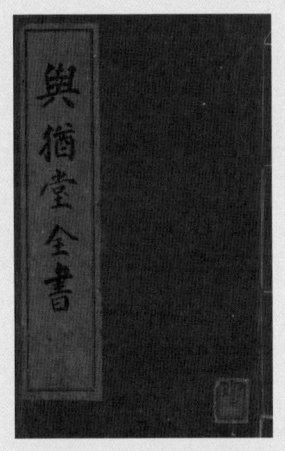

『여유당전서』는 다산 정약용의 저서를, 후대에 총정리한 문집이다. 전체 154권 76책이다. 여기에는 일표이서, 즉 '일표'인 『경세유표』와 '이서'인 『목민심서』, 『흠흠신서』를 포함하여 폭넓은 주제의 글이 담겨 있다.
『여유당전서』 1권 표지, 국립중앙도서관

현재까지도 어린이의 한자 교육에 막대한 영향력을 발휘하고 있다. 말하자면 『천자문』은 어린이 한문 교재의 정전(正傳)으로 자리매김했다고 해도 과언이 아니다. 그런데 정약용은 이와 같은 『천자문』의 교재로서의 지위에 강력하게 문제를 제기했다.

『천자문』은 어린이 교재로서 적당하지 않다
　우리나라 사람들은 주흥사(周興嗣, 468~521)가 지은 『천자문』을 구하여 어린아이들을 가르치는데, 『천자문』은 어린이를 위한 교재로서 적당하지 않다.　　　　　　　　　『다산시문집茶山詩文集』22권, 「천문평」

다산은 단적으로 『천자문』이 어린이를 위한 수업 교재로서 부적절하다고 주장했다. 그 이유는 다산의 언어관과 교육관에 근거하고 있으며, 『천자문』의 체재에 대한 비판으로 제시되었다.

글자를 배우면서 만물의 이치와 종류를 파악할 수 있어야 한다
　글자가 생겨난 것은 만물을 분류하기 위해서다. 모양, 이치, 또는 사물에 대해 반드시 부류를 알아야 통하게 되어 있으니, 그 부류를 잘 이해하고 무엇이 다른지를 분별한 후에야 이치를 분명히 알게 되어, 비로소 문리가 터지고 지혜 구멍이 열리게 된다. 그러므로 옛날

에는 소학(小學: 8세에 들어가던 학교)에서 반드시 육서[9](六書)를 먼저 가르쳤던 것이다. 이는 자음과 모음이 서로 합해져 뜻을 이루는 법칙이었고, 낱글자가 서로 합해지거나 분리되는 이치에 관한 것이었다. 이러한 언어와 문법의 원리를 연구해 밝혀서 그 근본 원리를 통하게 하였으니, 『이아爾雅』『설문說文』『급취장急就章』『옥편玉篇』과 같은 책이 모두 그러한 목적에서 나온 것이다. 모든 문자는 심오하여 이해하기 어렵다. 그러나 그 당시에도 어리다고 봐주지 않았고 모두 부류를 이해한 다음에 통하게 했다. 그 이유는 부류와 차이를 모두 이해해서, 문리가 통하고 지혜 구멍을 열어 주기 위함이었다.

『다산시문집』 22권, 「천문평」

다산은 언어를 배우는 이치를 명백히 제시했다. 글자가 구성되는

---

[9] 육서는 한자의 구조 및 사용에 관한 여섯 가지의 명칭을 말한다. 상형(象形)·지사(指事)·회의(會意)·형성(形聲)·전주(轉注)·가차(假借)를 이른다. 상형이란 물체의 모양을 본뜬 것으로, 일(日)·월(月) 등이 이에 해당한다. 지사란 추상적으로 사물의 뜻을 나타낸 것으로, 상(上)·하(下) 등이 이에 해당한다. 회의란 둘 이상의 한자를 합하고 그 뜻도 합성하여 글자를 만드는 방법으로, '日'과 '月'을 합하여 '明' 자를 만들어 '밝다'는 뜻을 나타내는 따위이다. 형성이란 두 글자를 합하여 새 글자를 만드는 방법으로, 한쪽은 뜻을 나타내고 다른 쪽은 음을 나타낸다. 예컨대, '동(銅)' 자에서 '금(金)'은 금속의 뜻을 나타내고 '동(同)'은 음을 나타내는 따위이다. 전주는 이미 있는 한자의 뜻을 확대·발전시켜 다른 뜻으로 쓰는 방법으로, 음이 바뀌기도 하는 것인데, '악(樂)'이 '락(樂)', '요(樂)' 자로 쓰이는 경우다. 가차란 어떤 뜻을 나타내는 한자가 없을 때, 뜻은 다르지만 음이 같은 글자를 빌려 쓰는 방법으로, 원래 보리를 뜻하는 '來' 자를 빌려 '오다'를 뜻하는 글자로 쓰이는 따위이다. (한국고전번역원, 네이버 국어사전 참조)

원리를 알아야 문리가 트인다고 판단한 것이다. 여기서의 글자란 '한자'를 뜻한다. 한자는 여섯 가지 원리에 의해 구성되므로, 학교에 들어가면 육서의 원리부터 가르쳤다. 글자를 구성하는 원리를 알면, 이를 미루어 읽는 법과 뜻을 파악할 수 있고, 글자가 생겨난 역사까지도 이해하게 된다. 나아가 언어와 문법의 원리를 알게 되면, 문장의 뜻을 파악하는 법을 터득하게 된다고 보았다.

글자를 배우는 책들의 목적은 이처럼 글자의 원리를 파악하도록 하는 것이라고 했다. 그러면서 다산은 어린이들이 글자를 배우는 첫 걸음으로 활용하는 『천자문』이 과연, 이러한 목적에 타당한 책인지에 대해 의문을 제기했다.

『천자문』의 글자 배치가 체계적이거나 논리적이지 않다

천지(天地)라는 글자를 배우고 나면, 일월(日月)·성신(星辰)·산천(山川)·구릉(丘陵) 등 그 부류를 다 알기도 전에 갑자기 그만두고, 오색(五色)에 대해 배우라고 한다. 검정·노랑(玄黃)에 관한 글자를 배우고 나면 파랑·빨강(靑赤), 흑색·하양(黑白), 다홍·자주(紅紫), 진회색·초록(緇綠)의 차이점을 구별하기도 전에, 다시 건너뛰어 우주(宇宙)에 대해 배우라고 한다. 대체 이것이 무슨 교수법인가? (……) 대개 이와 같이 구성되었기 때문에 어린아이들이 혼동을 일으켜 글자의 뜻을 분별하지 못한다. 　『다산시문집』 22권 「천문평」

잘 알려진 대로 『천자문』은 '하늘 천(天), 따 지(地), 검을 현(玄), 누를 황(黃), 집 우(宇), 집 주(宙), 넓을 홍(洪), 거칠 황(荒), 날 일(日), 달 월(月)'의 순서로 진행된다. 다산은 이렇게 글자를 배우는 것이 과연 논리 정연하고 이치에 맞는가에 대해 의문을 제기했다. 글자를 배우는 것은 그 글자가 어떤 부류에 속해 있고, 어떤 이치에 닿아 있는지를 설명해 주어야 하는데, 『천자문』에 배열된 글자의 순서는 비약이 심하다는 것이다. 예컨대, '천지'는 우주 만물의 근본이므로, 천지라는 글자를 배운 다음에는 일월·성신·산천·구릉 등 유사한 글자를 아울러 배우게 함이 좋다. 이를 통해 우주만물이라는 하나의 부류를 자연스럽게 파악할 수 있다고 보았다.

그런데 천지를 배운 다음에 갑자기 색채 지시어로 옮겨 가니, 이치에 마땅치 않다는 것이다. 게다가 '검정·노랑'이라는 글자를 배운 뒤에는 파랑·빨강·검정·하양·다홍·자주 등의 색채 지시어를 가르쳐야 하는데, 그 다음에 다시 '우주'라는 글자가 이어지니, 생각의 연상이 중단되고, 아이들이 혼동하여 글자의 뜻을 분별하지 못한다는 것이다.

따라서 『천자문』은 하나의 글자를 통해 하나의 부류, 세계 구성의 일정한 체계를 이해하게 하는 것이 아니라, 단지 단절된 글자를 연속적으로 암기하는 데 그치도록 하는 폐단이 있다고 비판했다. 정약용이 지적한 『천자문』의 구성상의 오류는 이것뿐만이 아니다. 한자를 우리말로 뜻과 발음을 읽을 때 발생하는 오류가 한자에 대한 정확한 이해를 방해한다고 지적했다.

『천자문』을 우리말로 배울 때 오류가 발생한다

검을 현(玄: 옛날에는 '감을 현'이라고도 읽었다) 자를 '감는다'는 전(纏) 자의 뜻으로 해석하게 된다. 누를 황(黃) 자를 '누른다'는 압(壓) 자로 해석하기도 한다. 그러나 이것은 배우는 아이가 미련해서 그런 것이 아니라, 능히 같은 종류끼리 묶어서 가르쳐서 단어의 뜻을 미루어 짐작하게 해야 하는데, 그렇게 하지 못했기 때문이다.

『다산시문집』 22권, 「천문평」

『천자문』에 나오는 검을 현(玄) 자는 예전에는 '감을 현'으로 읽었고, 이러한 발음의 관습은 오늘날까지도 이어지고 있다. 그런데, 처음에 발음으로 글자를 익히는 아이들은 '감을 현'이라는 발음 때문에 이를 '현(玄)'이라는 글자와 연결하지 못하게 되고, 엉뚱하게 '얽히다, 감다'라는 뜻의 '전(纏)' 자를 떠올리게 된다는 것이다. 같은 이치로, '황'을 '노란색'으로 배우지 않고 '누르다'라고 배우기 때문에, '누를 황'이라고 할 때는 '무거운 것으로 누르다'라는 뜻의 '압(壓)' 자를 떠올리게 되니 혼돈스럽다고 했다. 이러한 연상의 오류는 아이의 잘못이 아니라, 교재를 잘못 만든 어른의 책임이라는 것이다.

『천자문』은 글자 간의 대구가 맞지 않게 구성되었다

찰 영(盈) 자의 반대는 빌 허(虛)이고, 기울 칙(仄) 자의 반대는 평할 평(平) 자이다. 그런데 영(盈) 자의 짝으로 칙(仄) 자를 택했으니, 이는 세로를 말하면서 가로와 비유하는 것으로, 부류를 고려한 것이 아니다. 또 세(歲) 자와 같은 부류에 속하는 글자는 시(時) 자이며, 양(陽) 자의 짝은 음(陰) 자인데, 세(歲)니 양(陽)이니 하여 동떨어지게 말하고 있다. 이것은 그 부류를 고려한 것이 아니다.

『다산시문집』 22권, 「천문평」

다산은 『천자문』의 문장을 보더라도, 대구가 맞지 않아 문학성이 떨어진다고 평가했다. 문장에서 대조나 유사어로 대구를 짓는 것은 글쓰기의 기본에 속한다. 그런데 『천자문』에는 어울리지 않는 단어들과 짝을 만들어 대구처럼 쓰고 있으니 어색하다고 했다. 글자에 대한 개념 정리가 전제되지 않았기 때문에, 근본적인 문제가 발생한다는 것이다.

다산은 당대에 어린이 문자 교육의 교재로서 가장 보편적으로 활용되고 있는 『천자문』의 구성 원리를 일일이 비판하면서, 문화적 관습에 기대어 『천자문』을 어린이 교재의 정전으로 활용하는 세태를 정면으로 비판했다.

다산의 『사략』 비판: 과학적 역사관과 논리적 사고

다산이 『천자문』과 더불어 비판한 또 다른 어린이 교재는 『사략史略』과 『통감절요通鑑節要』다. 두 책은 당시에 가장 보편적으로 읽힌 역사 교재였다. 『춘향전』에 이도령이 이 책을 읽는 장면이 나오는 것을 보아도 이 책들이 얼마나 보편적으로 읽혔고 알려졌는지를 파악할 수 있다.

① 천황씨는 이목덕으로 왕하여 세기섭제하니, 제 못 와도 내 가리라. 『남원고사』 1권

② 천황씨는 목덕으로써 왕이 되어 해를 섭제에서 일으키고 백성들은 자연히 교화되었는데 형제 12인이 각각 1만 8천 세를 누렸다. 『사략』, 「태고편太古篇」

①의 인용은 19세기 서울 지역에서 읽힌 『춘향전』의 이본(異本) 중 하나인 『남원고사』의 한 대목이다. 이도령이 춘향을 만나고 집에 돌아와 책을 읽는 장면에 나오는데, 『사략』의 첫 구절에 해당한다. 그 뜻을 풀이하자면 '천황씨는 목덕(木德)으로 임금이 되어 역사가 섭제에서부터 시작되었으니'라는 뜻인데, 섭제는 별의 이름이고, 목덕은 오행(五行) 중에서 나무(木)의 덕이라는 뜻이다. 이렇게 단어를 설명해도 그 뜻을 알기가 어렵다.

②는 실제로 『사략』 「태고편」의 첫 문장이다. 『남원고사』의 대목은 실제 『사략』의 첫 문장을 부분적으로 인용한 것임을 알 수 있다. 그런데 ②의 뜻을 파악하기란 ①보다 더 어렵다. 다산은 바로 이 점을 비판했다. 역사를 배우는 첫 문장에서부터 어린이가 아무리 읽어도 뜻을 알 수 없는 내용을 제시하고 있으니 문제라는 것이다.

비과학적 역사 정보는 어린이의 식견에 방해가 된다

어린이를 가르치는 방법은 식견을 열어 주는 데 있다. 식견을 열어 주는 것은 비록 한 글자 한 구절이라도 모두가 문리를 깨닫게 하는 열쇠가 된다. 그러나 식견이 미치지 못한다면 비록 수많은 책을 독파하더라도 읽지 않은 것과 같다. 잘은 모르겠지만, 이른바 '천황씨'란 것이 임금인가, 목민관인가, 귀신인가, 사람인가? 또 나무(木)는 무슨 덕이 있기에 그로 하여금 왕이 되게 한 것인가? 또 '섭제'가 대체 무엇이기에 그로부터 세월이 시작되었다는 것인가? 변화(化)했다는 것은 무엇을 말하는 것이며, 변화한 것은 또 무엇인가?

형제는 본래 동포(同胞)이다. 그런데 천황씨에게 부모가 있다면 그를 최초의 인간이라고 말하지 못할 것이다. 또 만약에 그가 최초의 인간이라면 어떻게 형제가 12명에 이른다고 말하겠는가? (……) 처음 입학하자마자 이치에 없는 허황 괴탄한 말로 가르치니, 어린아이가 깨우치기를 바랄 수 있겠는가.
『다산시문집』 22권, 「사략평」

적어도 위의 글을 통해서 본다면, 다산은 역사에서 신화적 요소를 거부한 것으로 보인다. 말하자면 역사는 철저하게 과학적 사실에 근거해야 하며, 사실에 입각해 기록해야 한다는 입장을 가지고 있었던 것이다. 물론 신화처럼 상징적으로 시작하는 역사 기술에 대해서도 저항감을 보여주었다. 다산의 입장에서는 비논리적, 비과학적 기술은 '허황 괴탄한 말'이므로 역사로서의 가치를 지닐 수가 없다.

신화를 제시하더라도 이치에 통하는 방식으로 제시해야 한다는 입장이었다. 다산에게서 중요한 것은 식견에 맞는 이치, 논리성을 갖춘 서술, 문맥에 합당한 서사였다. 따라서 단지 글자만 번역해서 문맥상의 의미가 통하지 않는 상태로 어린이에게 전달하는 것은 온당치 않다고 보았다. 그리고 이러한 전달은 논리적이고 체계적인 사유에 익숙해진 성인에게도 설득력을 갖기 어렵다.

다산의 『통감절요』 공부법 비판: 다양한 독서의 권유

다산이 『사략』에 대해서 어린이가 이해하기 어렵고 신화적인 이야기로부터 시작하여, 역사에 대한 접근을 어렵게 한 점을 비판했다면, 『통감절요』에 대해서는 그 내용보다는 그것을 가르치는 교육법을 정면으로 비판했다.

어린아이가 글을 읽는 기간은 대개 9년이니 8세부터 16세까지이다. 그러나 8세부터 11세까지는 대체로 철이 들지 않아서, 글을 읽어도 그 의미를 모른다. 15~16세에는 이미 남녀 차이와 기호(嗜好)가 있어 모든 물욕에 마음이 갈리게 된다. 그러니 실상은 12~14세의 3년간이 독서의 기간이 되는 셈이다.

그러나 이 3년 중에도 여름은 몹시 덥고 봄과 가을은 날씨 좋은 날이 많으니 어린아이들이 놀기를 좋아해서, 항상 글만 읽을 수는 없다. 그렇다면 오직 9월서부터 이듬해 2월까지, 약 180일이 글을 읽는 날짜가 된다. 이 3년을 통계하면 540일이 되는데, 거기에 또 세시(歲時)의 놀이를 하는 때와 아프고 우환이 있는 날짜를 제하면, 실제로 글을 읽는 기간은 대략 300일쯤 된다.

그리고 보면 이 300일은 하루하루가 모두 주옥같이 귀중한 시간인데, 우리나라 아이들은 이 300일 동안을 모두 소미선생(少微先生)의 『통감절요』 15책을 읽는 데 바친다. 그러므로 평생의 독서가 이 『통감절요』 한 질에 그치게 되고, 비록 그 여가에 다른 글을 읽는다 하더라도 모두 대충대충 하느라고 집중하지 못하니 이런 것들을 독서라고 할 수는 없겠다.
『다산시문집』 22권, 「통감절요평」

다산은 어린이가 독서하여 학업의 바탕으로 삼는 시기를 8세부터 16세 사이로 한정했다. 말하자면 초등학교에 입학해서 중학생 때까

경직도는 조선시대의 주요 산업인 농사짓기와 길쌈을 중심으로 1년의 생활상을 보여준다. 농사짓기에 바쁜 어른들 사이에서도 놀이에 열중하는 어린이들의 모습을 놓치지 않았다. 놀이하는 어린이야말로 일상생활의 중요한 일부라는 관점을 보여준다.

「경직도」중, 조선 20세기 전반, 국립민속박물관

지로 본 것이다. 그런데 초반부는 아직 어려서 문리가 터지기 이전이고 15~16세는 요즘말로 사춘기에 해당하여 마음이 혼란스러울 때이니, 정작 독서에 매진하여 자기 성장의 기틀을 마련할 수 있는 시기는 12~14세인 3년간이라고 한정했다. 청소년의 생체리듬과 성장기를 고려한 계산법이라고 할 수 있다.

그런데 그 기간 중에도 아주 춥고 더워서 독서를 할 수 없는 때가 있고, 날씨가 너무 좋아서 놀아야 할 때가 있으며, 각종 명절과 질병으로 공부할 수 없는 때가 있으니, 이들을 제외한다면 실상은 300일쯤 정도를 온전히 독서에 매진할 수 있다고 보았다. 그런데 그 귀중한 시간에 독서하는 것이 모두 『통감절요』 한 편으로 제한되니 문제라는 것이다. 인생의 다양한 자양분을 독서를 통해 얻어야 할 시기에 오직 『통감절요』를 외다시피 하느라고 다른 책을 섭렵하지 못하니, 독서의 폭이 좁아지고 자연스럽게 사고의 깊이가 얕아질 수밖에 없음을 지적한 것이다. 이는 당시에 한 권의 책을 욀 때까지 읽고 또 읽게 하던 교육 방법을 비판한 것이었다.

어린이 정전과 독서 문화를 다시 보기

다산이 「천문평」 「사략평」 「통감절요평」을 통해 비판한 요체는 분명해 보인다. 그것은 정전에 부여된 교육적 권위와 문화적 관행에서 벗

다산 정약용의 모습을 후대에 그린 그림이다.
김호석, 「다산 정약용 선생 유상」, 2009년, 다산기념관

어나 어린이에게 정말로 필요한 교육 교재를 개발해야 하며, 다양한 독서의 권한을 부여해야 한다는 비판적 목소리였다. 어린이에게 체계적이고 논리적인 언어교육을 하려 할 때, 당대의 문화 구조를 충분히 반영할 필요도 있다는 실용적 판단도 개입되어 있다. 동시에 어린이가 읽어야 할 역사서를 어린이의 눈높이에 맞게 재구성하고, 다양한 독서를 통해 스스로 세계 이해와 자기 성숙의 편폭을 넓히고 심화할 수 있는 기회를 주어야 한다는 입장이었다. 어린이의 성장 기회를 기성세대나 제도가 차단하거나 억압해서는 안 된다는 의식도 관여하고 있다.

다산의 지적을 오늘날에도 유효한 조언으로 수용할 때, 이를 단지 21세기의 현재에도 어린이에게 『천자문』을 가르치는 것이 옳은가, 또는 어린이에게 신화화된 역사서를 읽히는 것이 타당한가, 어린이에게 반복 교육을 강요할 필요가 있는가 하는 문제로 한정지을 필요는 없다. 다산의 지적은 부분적인 것이 아니라 근원적인 교육 철학과 교육 방법론, 교육 문화에 대한 비판을 함축하기 때문이다.

어린이를 둘러싼 교육 제도와 관습, 풍토에 대해 문제를 제기하고 비판할 수는 있지만, 그것을 현실에서 실천하고 확산시키는 것은 결코 쉽지 않다. 다산은 조선의 어린이 교육의 관행과 풍토, 제도 등에 비판하는 데 그치지 않고, 『천자문』의 대체 교재로 『아학편(兒學編)』을 저술하여 상권 1천 자는 명사류를 종류별로 모은 '유형천자(有形千字)'를, 하권 1천 자는 물정과 사정 등 형상이 없는 개념어를 모은 '무형천자(無形千字)'를 직접 편찬하여 자신의 비판에 대한 실천적 활동을 연계해 나감으로써 사유와 글, 삶의 일치를 추구했던 학자다. 다산의 탄생 250주년을 맞이하여, 실학자로서의 다산을 재조명하고 그의 어린이 교육관을 현재의 삶을 반추해 보는 귀감으로 삼으려는 것은, 그의 비판 정신이 오늘날에도 여전히 어린이 문화를 새롭게 바라볼 수 있는 문제적 시선을 던져 주기 때문이다.

3장

문자화된 어린이, 어린이의 삶

...

역사화된 어린이 문화의 진실과 이면

어린이가 읽는 책은 대체로 어른이 쓴 것이다. 독서 주체의 연령과 범주는 다양한 데 비해, 글을 쓰는 작가의 연령은 대체로 성인층에 집중되어 있다. 청소년 소설을 쓰는 작가도 어른이며, 어린이책의 작가도 어른이다. 어린이가 좋아하는 애니메이션을 만드는 미국의 월트디즈니사나 일본의 지브리 스튜디오의 상황도 비슷하다. 어린이가 좋아하는 문화콘텐츠는 모두 어른들이 만든 것이다. 출판계를 중심으로 보아도, 어린이는 쓰는 주체라기보다는 읽는 대상으로 한정되어 있다. 어린이와 어른의 문화적 위계화가 읽기와 쓰기의 관계를 통해서도 규정되는 것이다.

이런 측면은 조선시대에도 마찬가지였다. 어린이는 미숙한 존재로 간주되었다. 그래서 글을 쓴다고 해도 성인이 될 때까지 그것을 남겨 두는 경우가 드물었으며, 남겨 두었다 해도 뛰어난 작품이 아니라면 없는 것과 마찬가지로 처리했다. 한 개인의 사후에 후손들이 엮어 내는 문집은 개인사의 기록인 동시에 가문사의 기록이라면, 그 인물이 어린이기에 썼던 글이나 행적은 분명히 존재했지만 문집에 남기지 않음으로써, 역사의 음영으로 사라지게 되었다. 모든 남겨진 것은 영광스런 어른의 자취로 한정되었기 때문이다.

그 결과 조선시대의 어린이에 관한 기록은 거의 남아 있지 않다. 어린이를 본격적인 글쓰기의 대상으로 삼지 않았을 뿐더러 정당한 사회

구성원으로도 고려하지 않았기 때문이다. 어린이는 역사 주체로 간주되지 않았기 때문에, 역사서에서 어린이와 관련된 기록을 찾아보기가 어렵다.

그러므로 조선시대 어린이 문화에 대해 접근하려면 어린이가 주인공으로 등장하는 문헌을 찾기보다는, 어린이가 부수적으로 기술되거나 일종의 흔적으로 남아 있는 자료에 관심을 기울여야 한다. 어린이가 속한 사회적 범주로서의 가정, 서당 등에 관심을 갖거나 기록된 어른의 어린 시절에 주목할 필요가 있는 것은 이 때문이다.

그리고 어린이 문화와 관련하여 남아 있는 자료의 특성을 먼저 헤아릴 필요가 있다. 예컨대, 한문으로 기록된 문헌에는 '긍정적인 어린 시절'에 대해서는 적었지만, '숨기고 싶은 어린 시절'이나 '부정적인 어린 시절의 기억' 등에 대해서는 적혀 있지 않다. 이는 조선시대에 글쓰기란 일종의 자기 수양의 매개이자 그 표현으로서의 결과물이었기 때문이다. 과거의 좋지 않은 기억을 들추어내어 적는 것은 그때의 기억을 극복하지 못한 미숙한 처신으로 간주되었고, 그것은 어린 시절에 대해서도 마찬가지였다.

현재 남아 있는 어린이 관련 기록들은 이러한 역사·문화적 배경 속에서도 남겨질 수 있었던 것들이라 하겠다. 뛰어난 천재성을 보인 신동 이야기라든가, 감탄할 만한 효행을 보인 어린이 이야기, 가정교육의 대상으로서의 어린이에 관한 기록이 남아 있는 것은 이러한 맥락에서다.

신동, 천재 소년과 소녀, 효성스런 아이, 어른스런 아이 등은 조선시대에 기록할 만한 가치를 지닌 대상으로 인정되었다. 이에 관한 기록에는 어른보다 뛰어난 아이, 잘 자라서 훌륭한 어른이 될 아이라는 생각이 담겨 있다. '기록할 만한 어떤 것'이라는 발상에는 시대가 긍정하는 가치와 이념이 투영되어 있다. 어린이에 대한 기록이 시대정신을 읽어내는 작업일 수 있는 이유이기도 하다.

이유원(李裕元) 1814년 태어나 1888년 세상을 떠났다. 조선 후기의 문신이다. 『대전회통』 편찬의 총재관이었다. 그가 지은 『임하필기』는 조선과 중국의 사물에 대한 고증학적 지식을 백과사전적 체재로 편찬한 것이다. 문집으로 『가오고략』, 『귤산문고』 등이 있다.

이규보(李奎報) 1168년 태어나 1241년 세상을 떠났다. 고려시대 문신이자 문장가이다. 시·술·거문고를 좋아하여 스스로 삼혹호 선생이라고 했다. 문집으로 『동국이상국집』이 있으며, 술을 의인화한 가전체 소설 『국선생전』과 고구려 건국 신화를 서사시로 쓴 『동명왕편』이 널리 알려져 있다.

한치윤(韓致奫) 1765년 태어나 1814년 세상을 떠났다. 조선 후기의 학자이다. 벼슬길에 나가지 않고 학문에 전념했으며, 실증적으로 한국사를 편찬하였다. 10년에 걸쳐 『해동역사』 70권을 저술했다.

송시열(宋時烈) 1607년 태어나 1689년 세상을 떠났다. 조선 후기 문신이자 학자이다. 호는 우암(尤庵)이다. 서인 노론의 사상적 지주로서 활동했다. 주자의 학설을 전적으로 신봉하고 실천하는 것으로 평생의 업을 삼았다. 『주자대전』과 『주자어류』의 연구에 힘썼다.

이식(李植) 1584년 태어나 1647년 세상을 떠났다. 조선 중기 문신이다. 대제학과 예조판서를 역임했다. 장유와 함께 학자로서의 명망이 있었으며, 한문사대가로 알려졌다. 문집으로 『택당집』이 있다.

조익(趙翼) 1579년 태어나 1655년 세상을 떠났다. 조선 중기 문신이다. 성리학자로 예학에 조예가 깊었으며, 음률, 병법, 복서에도 밝았다. 문집으로 『포저집』이 있다.

권응인(權應仁) 조선 중기 문인이다. 서류 출신으로 한리학관이라는 한직을 역임했으나, 시문으로 유명했고 높이 평가받았다.

이항복(李恒福) 1556년 태어나 1618년 세상을 떠났다. 조선 중기의 문신이자 학자이다. 문집으로 『백사집』이 있다. 이덕형과 돈독한 우정을 나누었으며, 오성과 한음의 일화로 유명하다.

허균(許筠) 1569년 태어나 1618년 세상을 떠났다. 조선 선조와 광해군 때의 문신이다. 아버지는 허엽이고 누나는 허난설헌이다. 유성룡에게 학문을 배웠고, 삼당시인으로 유명한 이달에게 시를 배웠다. 명나라에까지 문장과 학식이 알려졌으며, 누이 난설헌의 시가 중국에서 출판되는 데 기여했다. 책을 좋아한 독서가로서도 유명하다. 문집으로 『성소부부고』가 있다.

이긍익(李肯翊) 1736년 태어나 1806년 세상을 떠났다. 조선 후기 실학자이다. 출사하지 않고 평생토록 학문과 저술에 전념했다. 조선의 역사를 객관적으로 고증한 역사서 『연려실기술』을 저술했다.

이익(李瀷) 1681년 태어나 1763년 세상을 떠났다. 조선 후기 실학자이다. 과거에 응시하지 않고 평생을 학문에 바쳤다. 저서로 『성호사설』, 『곽우록』 등이 있다.

천재성의 빛과 그늘, 신동 이야기

_문집에 기록된 천재 어린이

신동에 주목하는 이유

신동에 대한 관심은 예나 지금이나 변함이 없다. 요즘은 신동이라는 표현보다는 천재나 영재, 수재라는 표현을 더 자주 사용한다. 남보다 특출한 능력을 가진 아이를 조금씩 편차를 두고 부르는 단어들이다. 신동에 대한 관심은 주로 부모님이나 선생님을 통해 표출되었다. 대다수의 부모는 자신의 아이가 남보다 뛰어나기를 바라고, 선생은 뛰어난 학생을 가르쳐 보고 싶어 한다. 아이를 키우는 사람은 아이가 언어를 배우고 표현하는 과정에서 설마 이 아이가 신동은 아닐까, 하는 생각을 표현하고는 한다. 그러나 그런 경험이 자기만의 특별한 것이 아니라, 육아 과정에서 누구나 겪는 보편적 체험이라는 것을 알고 적잖이 실망하기도 한다. 한편으로는 어릴 때 재주 많던 아이가 주입식 교육이나 입시 위주의 교육 방식 때문에 재능을 상실하게 되고, 그 능력마저 평준화되는 것은 아닌가 하는 의구심을 갖게 된다.

그 반대의 생각도 있다. 과연 어릴 적부터 뛰어난 재주를 가져야만 탁월한 인재로 성장하고 어른이 되었을 때 사회인으로서 그 능력을 충분히 발휘하는가 하는 의문이다. 어릴 적에는 평범했던 아이가 자라면서 천재적 능력을 발휘하는 경우도 있다. 뒤늦게 재능을 발견했다는 어른들의 이야기를 듣기도 한다. 그럼에도 불구하고 어린이에게 소질이라는 것이 있다면 가능한 빨리 발견해서 키워 주는 것이 부모의 도리이자 어른의 처신이라는 믿음이 지배적인 듯하다.

조선시대에도 신동에 대한 관심과 사랑이 있었다. 조선의 신분제 사회에서 기록으로 남겨질 수 있는 사람은 대부분 양반층이었다. 그 때문에, 기록에 등장하는 신동들도 대체로 사대부 출신이다. 명문가의 자제가 어려서부터 신동이었는데 일찍 등용되어 출중한 업무 능력을 발휘했다거나 빼어난 문장가가 되었다는 이야기에는 한 개인의 탁월성에 대한 호감뿐만 아니라, 신분제 사회를 정당화하는 시선이 작용하고 있다. 그런가 하면 어릴 때는 천재였는데 시대를 잘못 만나 비운의 생애를 살아간 인물에 관한 이야기도 있다. 이러한 예는 운명의 아이러니와 역사의 비정함을 환기하면서, 어떻게 살아야 하는가에 대한 혼란을 제기한다. 그런데 신동을 둘러싼 모든 기록들은 당사자가 아니라 타인에 의해 발언되고 만들어진 이야기라는 공통점을 지니고 있다.

그렇다면 조선시대에 신동으로 불렸던 이들은 누구이며, 그들은 어떤 이유에서 신동으로 불렸을까?

조호남(趙鄗南)은 나면서부터 영특하여 일찍부터 음률을 잘 알았다. 일곱 살 때 아버지의 무릎 위에 앉아서 단소를 불었는데, 음조와 화음의 맑고 탁함, 높고 낮음이 저절로 음률에 맞았다. 사람들은 그를 신동으로 여겼다. 어른이 되어서는 더욱 오묘한 경지에 이르러 이원(梨園: 조선시대에, 음악에 관한 일을 맡아보던 관아)의 악사들이 모두 그를 찾아가 배웠다. 어떤 악기든지 손에 잡기만 하면 능숙하게 다루었다. 거문고·비파·종·경뿐만 아니라 강적이라는 피리, 갈고라는 북에 이르기까지 정통하지 않은 것이 없었다. 이는 내가 직접 보고 겪은 일이다.

이유원, 『임하필기林下筆記』, 「춘명일사春明逸事: 일곱 살에 퉁소를 분 사람七歲吹籥」

위의 예는 음악 신동 조호남에 관한 기록이다. 그가 영산(靈山)의 수령인 지현(知縣)을 지냈다는 것 말고는 생애 정보가 자세하지 않다. 일곱 살 때 단소 연주에 능해서 신동으로 이름이 났고, 자라서는 요즘의 국립국악원이라 할 이원의 악사들을 가르칠 정도로 재주와 명망이 높았다. 악기를 가리지 않고 연주에 능했던 인물이다. 이유원은 그의 회갑에 축하의 글을 지어줄 정도로 그를 아꼈고, 음악과 관련된

조선시대 선비들은 시와 음악으로 풍류를 즐겼다. 거문고는 선비들이 즐겨 찾는 악기였다. 선비들 방의 책과 물건들을 그린 문방도에서도 거문고를 볼 수 있다. 「문방도」 중, 20세기 전반, 국립민속박물관

빼어난 행적 몇 가지를 글로 남겼다. 음악적 재능을 타고난 이에 대한 경탄과 애정이 담겨 있다.

이규보는 바둑 잘 두는 곽씨 아이에 대한 시를 남긴 바 있는데, 「신동의 바둑에 대한 시神童國手詩」가 그것이다. 이규보는 바둑 두는 재주가 뛰어나다는 그 아이를 한번 만나 보고 싶다면서, 재주란 나이에 달린 것이 아니라고 적어, 재능에 대한 사랑을 표현했다.

음악과 바둑은 요즘에는 예술과 스포츠로 간주되지만, 조선시대에는 단지 잡기에 불과했다. 따라서 예술적 소양을 지녔던 신동에 대한 기록은 매우 드물다. 무엇을 재능으로 보는지, 어떤 재능을 가치 있게 보는지에 대한 생각이 오늘날과 달랐기 때문이었다. 이는 여자 신동에 대한 기록이 드문 것과 같은 이치다. 여성의 사회적 성취에 대한 관심이 희소했기 때문에, 신동 이야기는 대부분 남자아이들의 것이다. 그러므로 기록에 남은 여자 신동 이야기가 없다고 해서, 조선시대 여자아이들의 재능이 뒤처졌다고 판단해서는 안 된다. 다행히 허균의 누이인 허난설헌이 일곱 살에 시를 지어 여신동(女神童)으로 불렸다는 기록이 한치윤의 『해동역사海東繹史』에 전한다. 시 짓는 능력은 성별을 막론하고 조선시대 신동의 대표적 능력이었다. 바꾸어 말하면 시 쓰는 능력을 인간에게 허용된 가장 큰 재능으로 간주하던 문화가 조선시대를 지배했다고 볼 수 있다.

조선시대 신동 이야기 중에서 정확하고 방대한 기억력에 관한 것이 주목할 만하다. 기억력은 총기(聰氣)로 간주되었고, 단순한 암기력만이 아니라 이해 능력을 포함하기 때문에 자라서 훌륭한 학자가 될 수 있는 탁월한 자질로 평가되었다.

    그는 자가 도장(道章)이고 호는 현주(玄洲)다. 처음 말을 배울 때부터 문자를 알았다. 일찍이 문충공이 『한서漢書』를 읽을 때 그 무릎 위에 앉아 있었다가 무슨 뜻인지 물어보고는 하였다. 그는 아무리 방대한 분량의 문장일지라도 돌아앉아서 하나도 빠뜨리지 않고 외었다. 그 때문에 당시에 신동으로 이름이 났다.
    15세가 되자 진사시에 합격했는데, 고관들이 그를 궁금해 하여 불러다가 초서로 된 방목(榜目: 과거 급제자 명단)을 써 보라고 했다. 그는 붓을 휘둘러 단숨에 다 썼다. 집에 돌아오자 문충공을 모시고 방목에 이름이 올랐던 2백 명은 물론 그들의 아버지 이름과 주소까지 모두 외었다. 좌중에 있던 사람들이 다 놀랐다.

<small>송시열, 『송자대전宋子大全』, 「현주 이공의 신도비명(서문을 덧붙임)玄洲李公神道碑銘 幷序」</small>

위에서 기억력이 탁월했던 아이는 월사(月沙) 이정구(李廷龜, 1564~1635)의 아들 이현주다. 아들 현주를 무릎에 앉혀 놓고 『한서』를 읽었다는 문충공이 바로 이정구인데, 그는 상촌 신흠(申欽, 1566~1628), 계곡 장유(張維, 1587~1638) , 택당 이식과 더불어 그

호의 첫 글자를 따서 '월상계택(月象谿澤)'이라고 불리던 조선시대 4대 문장가의 하나로 손꼽힌다.

이정구도 어려서부터 글재주가 뛰어나 신동 소리를 듣던 인물인데, 그의 둘째 아들 현주도 아버지를 닮았는지 어려서부터 기억력이 뛰어나 신동으로 이름이 났다. 빼어난 기억력은 15세까지도 지속되어서, 초서로 쓴 과거 급제자 200명의 이름은 물론, 그 아버지들의 이름과 주소까지 외었다고 전한다. 공부하는 선비에게 필요한 박람강기(博覽强記: 책을 두루두루 많이 읽고 기억을 잘함)의 가능성을 어려서부터 갖고 있었고, 과연 일찍 합격해서 그 능력을 발휘했다. 그는 자라서 세자의 교육을 담당하는 관리가 되었으며, 홍문관·사간원·승정원 등에서 일했다.

신동의 자질로서 기억력보다 더 중요하게 간주되었던 것은 글을 읽고 쓰는 능력, 즉 문해력(文解力)이었다. 이른 시기에 문자를 익혀 글을 잘 지었다는 것은 신동 이야기에 빠지지 않는 핵심 요소였다. 다시 말해 신동이란 글재주를 지닌 아이를 의미했다.

- 조우인(曹友仁)은 태어난 지 열흘쯤 지나 모친이 세상을 떠났기 때문에 외조모의 손에서 자라났다. 겨우 말을 배우면서 홀연 문자를 터득했으며, 네 살 때는 시를 곧잘 지었고, 대구를 맞출 줄 알았다.

| 구름이 푸른 산머리를 가두자 | 雲囚碧山首 |
| 안개가 저녁 강의 허리를 베었네. | 煙割暮江腰 |

이런 시구를 지어 사람들이 그를 신동이라고 불렀다. 자라서는 닥치는 대로 책을 읽어 학식을 넓혀 나갔다. 과거공부에 필요한 책 말고도, 옛글을 사모하여 많이 읽었기 때문에 글쓰기에 두루두루 능해서 명성이 자자했다.

향시에 합격한 뒤에 여러 차례 사마시를 보았는데 좋은 성적을 거두지 못했다. 만력 무자년(1588년)에 이르러서야 비로소 진사시에 합격했다.

<small>이식, 『택당집澤堂集』, 「우부승지 매호 조공의 묘지명(서문을 덧붙임)右副承旨梅湖曺公墓誌銘 幷序」</small>

- 월사 이정구는 태어난 지 8개월 만에 걸어 다닐 줄 알았고 말을 배우면서부터 문자를 알았다. 여섯 살 때 유모가 그를 안고 문밖에 나가 앉아 있었다. 그때 술 취한 사람이 다리를 건너고 있었는데, 때마침 버들개지가 날리고 피리 소리가 들렸다. 그는 그 광경을 마치 노래처럼 이야기했다. 유모가 기특하게 여겨 주인어른께 알렸다. 그러자 그 아버지가 시로 지을 수 있겠냐고 물었다. 그는 망설이지 않고 시를 읊었다.

한 사람이 부축받아 작은 다리를 건너요.　　　扶過小橋外
버들개지 한들한들 하늘에 흩어져요.　　　　　楊花爭亂飛
어디선가 들려오는 몇 가락 피리 소리　　　　何處數聲笛
바람결에 그 사람의 취한 귀를 깨워요.　　　　吹來醒醉耳

한 젊은이가 술에 취해 지나가는 것을 보고 시를 지은 적도 있다.

향기로운 풀을 밟고 지나가는 황금 수레　　　金輪踏香草
백마 탄 낭군도 취해서 지나네.　　　　　　　白馬郞醉去

세상에서는 그를 신동으로 불렀다. 일곱 살 때는 이런 일이 있었다. 같은 동네에 기자헌이라는 또래 아이가 살고 있었다. 어느 날 기자헌은 이정구의 허리띠가 해진 것을 보고 자신의 비단 띠를 풀어서 주었다. 그러나 그는 받지 않았다. 사람들이 이유를 묻자, "원래 친구가 주는 의복을 입는 것은 좋은 일이에요. 하지만 그 사람 것은 받을 수가 없어요."라고 말했다. 기자헌의 행실이 바르지 않은 것을 알았기 때문이었다. 여덟 살 때는 벽에 걸린 산수화를 보고는 이렇게 읊었다.

산안개 저물도록 걷히지 않고　　　　　　　　山靄晚不收
키 큰 나무들을 뽀얗게 감췄어요.　　　　　　沈沈隱高樹

| 산골의 물이 깊어서 건너지는 못해요. | 溪流深不渡 |
| 밤새도록 앞산에 비가 내렸나 봐요. | 夜來前峯雨 |

아홉 살 때는 당시 선집과 한시를 읽었다. 열 살 때는 『소학』과 사서를 읽었다. 「남산시南山詩」를 두 번 읽고 나서 바로 암송했는데, 사람들은 아마도 예전부터 알았던 모양이라고 생각했다. 그런 경우는 또 있었다. 열한 살에는 『시경』과 『서경書經』『사기史記』『한서』를 읽었다. 「남산시」의 운을 따서 시를 지은 뒤에, 다시 일곱 자로 운을 따서 시를 지었다. 당나라 문장가인 한유가 지은 「원도原道」라는 글을 모방해서 쓴 것이 널리 알려져서 같은 마을에 사는 관리 홍적과 대제학 김귀영도 이를 베껴 갔다. (……) 열네 살에 승보시에서 장원해서 크게 명성을 떨쳤다.

<small>조익, 『포저집浦渚集』, 「의정부 좌의정을 지낸 시호가 문충인 이공의 행장議政府左議政 諡文忠 李公行狀」</small>

위에 나오는 신동은 조우인(1561~1625)으로, 호가 매호(梅湖)다. 네 살 때 대구를 맞추어 시를 지을 정도의 신동이었다. 과거공부에만 힘쓰지 않고 자신이 좋아하는 옛글을 널리 읽어 견문을 넓혔으니, 규격화된 형식 이외에 여러 양식의 글쓰기에 능할 수 있었던 것은 당연했다. 그런데 천재적 글쓰기 능력에 걸맞지 않게, 28세가 돼서야 진

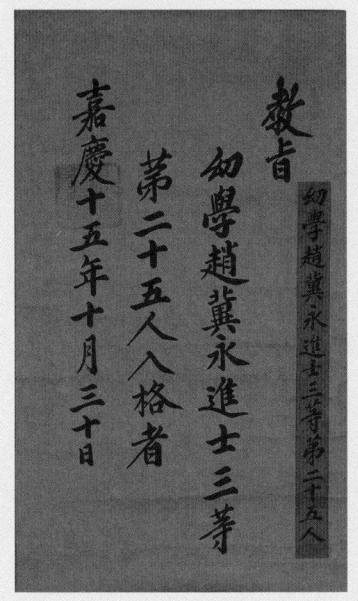
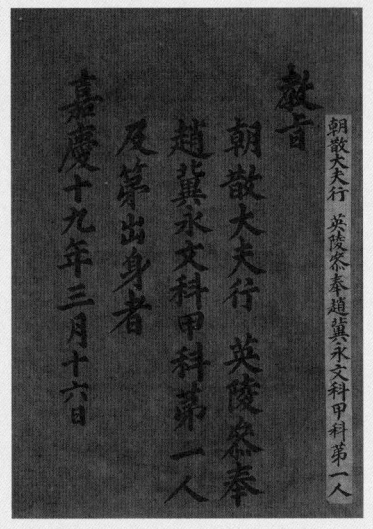

소과는 초시라고도 하는데, 여기에 합격하면 백패를 내린다. 소과에 합격한 사람을 진사라 하였다. 대과에 합격하면 홍패를 내린다. 대과 합격자는 높은 관직에 나아갈 자격을 얻었다.

「조기영의 백패와 문과 홍패」, 조선 각 1810년과 1814년, 국립중앙박물관

사시에 합격했다. 조우인의 행적을 보면 자라면서 글쓰기 능력이 줄었다고는 볼 수 없기 때문에, 그의 과거 합격이 늦어진 것은 세상이 원하는 제도화된 글쓰기와 본인의 취향이나 의지가 일치하지 않았기 때문이라고 보는 것이 적절할 듯하다. 물론 이는 과거 합격이라는 문제를 순전히 개인의 능력과 글쓰기 차원에서만 보았을 경우에만 타당한 해석이다.

천재가 세상에 쓰이려면 개인의 능력만으로는 부족하며, 세계와의 조화나 합일이 중요하다는 생각을 하게 된다. 그렇다고 무조건 세상에 자신을 맞추려고만 할 필요는 없고, 그런 사람만을 높이 평가할 필요도 없을 것이다. 그러나 재능을 펼치는 것을 단지 개인의 선택 사항이라고 보는 것은 무책임한 일이다. 재능이 있어서 사회에 이를 부려 쓰려 해도, 사회가 재능 있는 자를 선택해 주지 않으면 소용없기 때문이다. 능력자를 적재적소에 부려 쓰는 사회적 공공성을 생각해 보게 된다. 아울러 반드시 재능을 세상에 빨리 알려서 최대한 사용량을 증가시키는 것이 과연 최선일까, 하는 생각도 해 보게 된다.

윗글의 또 다른 주인공은 월사 이정구다. 그는 앞서 제시했던 이현주의 아버지다. 말을 배우면서 글자를 알았고 여섯 살 때 자기 관찰과 경험을 시로 지을 정도로 글재주가 뛰어났다. 감수성이 예민하고 감각이 남달랐을 뿐더러, 도덕적 완벽주의자였다. 친구가 비단 허리띠를 주어도 그 행실이 마음에 들지 않아 거절했다는 일화는 물질보다 도덕을 우선으로 여겼던 그의 처신과 태도를 단적으로 보여준다. 기억력도 탁월해서 시를 두어 번 읽으면 곧바로 암송했는데, 사람들은 예전부터 알고 있었을 거라며 믿기 어려워했다. 열한 살 때는 당나라 문장가 한유의 글을 모방해 지은 글이 뛰어나다고 마을에 소문이 자자해졌다. 대제학까지 와서 베껴갈 정도로 문명(文名)이 높았다고 했다. 아홉 살 때부터 시와 경전을 두루 읽었다는 사실은 그가 신동으로 불렸던 것이 단지 타고난 감수성이나 총기 때문만이 아니라 폭넓은 독서력에도 바탕을 두었음을 보여준다.

위의 사례들은 '글쓰기'를 인재의 조건으로 보고 문장 쓰기를 중요한 교육의 바탕으로 삼았던 조선시대의 문화적 소산이다. 글쓰기 능력을 신동의 자질로 보았던 생각은 중국의 경우에도 비슷했다. 일곱 살에 공자의 스승이 되었다는 항탁(項槖)은 춘추시대의 신동으로 이름을 널리 알렸다. 당나라 이필(李泌)은 일곱 살에 문장으로 유명해져서 현종의 부름을 받고 궐에 들어가 칭찬을 받았다고 한다. 당나라 이하(李賀, 790~816)는 일곱 살 때 글을 잘 짓는다는 소문이 났다. 당시의 문장가 한유(韓愈, 768~824)가 이하를 시험하려고 찾아갔다가, 그 자리에서 바로 시 짓는 것을 보고 감탄했다는 이야기가 전한다. 특히 시 짓는 신동 이야기가 많은 것은 시라는 장르가 운과 율을 맞추면서 함축적인 의미를 담아야 하는 절제된 표현력을 요청했기 때문이다. 시 쓰기 능력을 언어 능력의 극치로 보던 문화적 관행이 있었기 때문에, 시 잘 짓는 아이는 곧 최고의 글쓰기 능력을 갖춘 신동으로 인정받았다. 무엇보다도 시 쓰기란 세계에 대한 이해력과 상상력, 그리고 창의성이 결합된 인문적 소양이었다.

신동의 생애는 어떠하였나

그렇다면, 어려서부터 똑똑한 아이는 자라면서도 총기를 유지하고, 그에 걸맞은 삶을 살았을까?

아계(鵝溪) 이산해(李山海)는 일고여덟 살도 되기 전에 큰 글자를 쓸 줄 알았는데, 이것을 얻으려는 사람들이 모여들었다. 글을 다 쓰면 발에 먹물을 묻혀서 종이 끝에 자국을 찍어서 사람들이 더욱 기이하게 여겼다. 열세 살에 호서의 향시에서 장원을 했으니, 천재가 아니면 이럴 수 있었겠는가? 사람들이 신동으로 지목했다.

일찍 벼슬길에 올라 명성이 자자했다. 마흔이 겨우 넘어서 판서의 지위에 올랐고, 몇 년 되지 않아 홍화(弘化: 의정부의 종1품 직책인 찬성)에 올랐으며, 쉰 살에 정승이 되었으니, 근래에 드문 일이다. 이는 재주와 명예를 함께 가진 사람이라 할 것이다.

권응인, 「송계만록松溪漫錄」 상권

이산해(1539~1609)는 명종 때부터 광해군 때까지 벼슬을 했던 조선 중기의 문신이다. 영의정을 비롯해 여러 관직을 거친 당대의 세도가이자 문장가이기도 하다. 『토정비결土亭祕訣』로 유명한 이지함(李之菡)이 그의 숙부이며, 영의정을 지낸 이덕형(李德馨)이 그의 둘째 사위다. 이산해는 어려서부터 글쓰기는 물론 서예에도 능했다. 낙관이 없었던 어린 시절에는 발에 먹물을 찍어 서명했을 정도로 야무지고 총기가 있었으며 자기의식이 투철했다. 열세 살에 향시에 급제하여 천재의 명성을 얻었으며, 일찍부터 벼슬길에 올라 명성을 누렸다. 마흔을 갓 넘어 판서가 되는 초고속 승진을 했으니, 그는 신동 시절부터 입신출세까지 탄탄대로를 걸어간 셈이다. 물론 이런 성공적인 행보가 그의 행복지수를 대변해 주는 것은 아니겠지만, 위와 같이 그의 인생을 정리한 글을 보면 그런 삶을 신동이 걸어가야 마땅할 인생행로로 여겼음을 보여준다.

어릴 적에 신동의 명성을 떨쳤지만 요절하거나 비운의 생애를 살아간 인물의 이야기도 전해진다. 한나라 양웅(揚雄, BC53~AD18)의 아들이었던 양오(揚烏)는 신동으로 유명했는데, 아홉 살에 요절했다고 한다. 일생을 통해 쓸 수 있는 재능의 분량이 한정되어 있다면, 그는 아홉 살의 짧은 생애 시간 동안 모두 다 비워 버리고 떠난 셈이다. 조선시대에도 요절한 신동 이야기가 전한다.

이산해는 어린 시절 신동으로 이름을 알렸고, 이후에도 이른 나이에 높은 벼슬에 오르는 등 성공적인 삶을 살았다.

「이산해 초상」, 조선 19세기, 국립중앙박물관

이때 한 선비가 있었는데 눈빛이 별처럼 빛나고 인품이 침착하고 조용했다. (……) 나는 누군지 물어보았다. 친구가 말했다. "이 사람을 모른다니. 신동으로 유명한 최전(崔澱)이라네. 아홉 살 때 집을 나와 해주에 유학하면서 율곡 선생님께 시와 역사를 배웠지. 글씨는 당나라 명필 회소(懷素, 725~785)를 따라갈 정도이고 시는 이백과 비슷하다네. 음률에도 조예가 깊고 그림 그리는 데도 정통하지. 거문고·휘파람·피리·젓대의 연주에 능하고 매화·대나무·갈대·기러기 그림에 극치를 이룬다네. 옛날 작가의 기풍을 지녔으니 나중에 천하의 맹주가 될 걸세."라고 했다.

이듬해에는 그가 진사가 되었다는 말을 들었는데, 그로부터 5년이 지난 겨울에 어떤 사람이 그의 부고를 전해 왔다. 나는 상심하여 어찌할 바를 몰라 마치 깊은 연못에 보배로운 옥을 빠뜨린 것 같았다.

이항복, 『백사선생집白沙集』, 「성균관 진사 최공의 묘갈명成均進士崔公墓碣銘」

최전(1567~1588)은 호가 언침(彦沈)이다. 그가 신동의 명성을 얻은 것은 시와 학문, 글씨, 음악, 그림 등 다방면에 재주를 갖고 있었기 때문이다. 아홉 살에 학문에 뜻을 두고 율곡 선생님께 사사했고, 예술에도 조예가 깊어 장차 천하의 맹주가 되리라고 촉망받던 인재였다. 기록에는 그가 어려서 금강산에 놀라갔다가 경포대에 이르러 지은 시가 전해진다. 허균은 그 시를 『학산초담鶴山樵談』에 싣고서 불행하게도 일찍 죽었다며 안타까움을 표현했다.

조선시대를 대표하는 비운의 천재는 단연코 김시습(金時習, 1435~1493)이다.

김시습은 태어난 지 여덟 달만에 글을 알았다. 시습(時習)이라는 이름은 친척 할아버지인 최치운이 지어준 것이다. 말은 늦게 했지만 정신이 민첩해서, 글을 보면 읽지는 못해도 뜻은 이해했다. 세 살에 시를 지었다.

복사꽃 붉고 버들은 푸르니
삼월도 저물겠구나.　　　　　　　　　桃紅柳綠三月暮
구슬을 푸른 바늘로 꿰어 놓았네.
솔잎에 맺힌 이슬방울들.　　　　　　　珠貫靑針松葉露

유모가 맷돌에 보리를 가는 것을 보고서도 시를 지어 사람들이 신기하게 여겼다.

비도 오지 않는데 어디선가 들려오는 우레 소리　　無雨雷聲何處動
노란색 구름이 사방으로 송이송이 흩어지네.　　　黃雲片片四方分

김시습은 신동으로 널리 알려져 왕에게까지 칭찬받았으나, 정작 그 자신은 비운의 천재라는 명칭에 걸맞은 인생을 살았다. 양미간에 잡힌 주름과 찌푸린 얼굴은 그가 세상을 대하는 하나의 표정을 대변하는 듯하다. 출처 위키피디아

다섯 살에 『대학』을 이해했으며 글을 지었으니, 신동으로 소문이 났다. 정승 허조(許稠)가 김시습을 찾아와서 "내가 늙었으니 늙을 노(老)자를 넣어 시를 지어 보겠니?"라고 하자, "늙은 나무도 꽃을 피우듯, 마음은 늙지 않아요(老木開花心不老)"라고 했다. 허정승이 무릎을 치며 "신동이로다."라고 했다.

세종이 듣고서 승정원으로 불렀다. 도승지였던 박이창(朴以昌)이 시험 삼아 "아기님의 공부는 백학이 푸른 하늘가에서 춤추는 듯하네요(童子之學 白鶴舞靑空之末)."라고 읊자, 김시습은 "임금님의 덕은 황룡이 푸른 바다에서 솟구치는 듯해요(聖主之德 黃龍飜碧海之中)."라고 응답했다. 박이창이 무릎 위에 앉히고서 시를 짓게 한 것이 많았다.

박이창이 벽에 그린 산수화를 가리키며, "이 그림을 보고 시를 지을 수 있겠니?"라고 묻자, "배 안의 작은 정자에는 누가 살고 있을까(小亭舟宅何人在)?"라고 지었다. 세종이 전교하기를, "그 아이를 직접 불러서 만나고 싶지만 남들이 들으면 해괴하게 여길까 두렵구나. 드러내지 말고 잘 가르치시게. 나이가 들어 학업이 성취되거든 내가 크게 쓰겠노라."라고 했다. 상으로 비단 오십 필을 내려주면서 혼자서 가지고 가라고 했다. 김시습은 비단 두루마기의 끝을 이어서 끌고 나갔다. 이 일로 명성이 나라에 퍼져서 '오세(五歲)'라고 불렸다. 그는 임금에게 상을 받은 뒤로 더욱 학업에 힘썼다. 삼각산에 들어가 글을 읽을 때 단종이 쫓겨났다는 소식을 듣고 도망하였다. 이후 중이 되어 절에 의탁했다.

<small>이긍익, 『연려실기술燃藜室記述』 4권, 「단종조 고사본말端宗朝故事本末: 정난에 죽은 여러 신하殉難諸臣」</small>

김시습은 어려서부터 시적 재능이 뛰어났다. 글자를 읽지는 못했는데 뜻을 이해했다는 것은 문자의 이해에 대한 경이로운 사례인 동시에, 천재성을 경외하는 세간의 시선을 반영하고 있다. 세 살 때 지은 시를 보면 그가 이미 대조와 유비(類比)라는 시적 원리를 파악하고 있었음을 알 수 있다. 어린아이로서 언어 감각과 감수성이 뛰어났음은 물론, 세월의 무상감이라는 세상의 이치까지도 이해하고 있었음에 놀라게 된다. 그런가 하면 어린아이다운 발랄함과 귀여움을 담고 있어, 동시를 읽는 순수하고 소박한 감성도 누리게 해 준다.

문제는 그가 너무 일찍 세상의 인정을 받았다는 데 있다. 임금에게 인정을 받았다는 일화는 어떤 의미에서는 그의 인생에 독이 되었다. 단종이 궐에서 쫓겨난 일을 겪은 그는 세상에 뜻을 저버리고 중이 되어 절로 갔다고 적었다. 그가 사람과 사람 사이의 사랑 이야기가 아니라, 사람과 귀신과의 사랑 이야기에 탐닉하는 『금오신화金鰲新話』를 쓰게 된 것도, 비운의 천재가 바라본 비정한 세상에 대한 절망감이 바탕이 된 것이었다. 문학가로서 그는 타고난 천재성에 대한 소명을 다했지만, 한 인간으로서는 결코 행복다고 볼 수 없는 인생을 살았다. 김시습이 지닌 천재성은 사회성과는 무관했다. 오히려 그는 사회성의 반대 지점에서 의리와 고독을 택함으로써, 고립무원의 세상을 홀로 살아갔다. 그는 오직 글쓰기만으로 세상과의 소통을 시도하는 문인의 길을 걸었다고 하겠다.

신동을 바라보는 시선

이처럼 조선시대의 신동을 둘러싼 기록에는 희비가 엇갈려 있다. 타고난 재능을 다 발휘하면서 사회로부터 제대로 인정받은 천재가 있었는가 하면, 뜻하지 않게 요절한 신동도 존재했다. 그런가 하면 타고난 재주가 빌미가 되어 비운의 생애를 살아야 했던 천재도 있었다. 신동이라는 타고난 조건이 인생의 어떠한 것도 보장해 주지 못한다는 것의 쓸쓸하고도 서늘한 확인이기도 하다. 일찍 세간의 주목을 받았다고 해서 전도유망한 생애를 보장받는 것은 아니며, 유명세가 독화살이 될 수도 있다. 그러나 이러한 시선은 시대가 지나간 뒤에 역사적 관점에서 바라보는 신동에 대한 하나의 시각일 뿐이다.

신동의 재능과 행적, 일생을 기록했다는 것은, 당시에 신동이란 기록할 만한 가치가 있는 상태, 또는 대상이라는 인식이 존재했음을 의미한다. 여기서 주목할 것은 신동을 기록하고 있는 맥락이다. 신동이란 단어는 어떤 의미에서는 매우 가치 함축적이다. 중립적인 어떤 상태에 대한 지적이 아니라, 경이와 찬탄, 나아가 신비화의 의미까지 담고 있다. 단지 능력이 뛰어나다거나 재주가 탁월하다는 칭찬과 긍정의 의미보다 한층 더 강조된 의미를 담고 있는 것이다.

앞에서 신동 이야기의 예로 든 것들은 대체로 행장이라든가 묘지문, 묘갈명 등 한 인물의 생애를 기념비적으로 기록하는 글쓰기 양식에서 찾은 것들이다. 그런 이유로 신동이라는 단어는 주로 한 인물을 칭찬하고 기리는 맥락에서 사용되어 왔다. 한 인물의 일생을 서술한 전이나 행장, 제문 등에서 그 사람의 탁월성을 나열할 때, 그가 어렸을 때 신동이었다는 문장을 종종 적었던 것이다.

그런데 신동이었던 이가 자신의 삶과 사회적 반응에 대해 허심탄회하게 남긴 기록이 없다는 점에 주목할 필요가 있다. 타인에 의한 평가나 시선보다 중요한 것은 신동이라고 불린 아이의 체험과 자기 인식일 것이다. 그러나 신동은 오직 재능으로 자신을 표현했을 뿐이었는지, 자기 재능을 스스로 관찰하거나 통어하는 것에 관한 글을 남기지 않았다. 어떤 의미에서는 신동이라는 상태 자체보다는, 그 아이가 어울려 살아야 할 사회적 조건이나 시대적 상황, 그리고 그 사이의 조화 여부가 더 중요하다. 사회적 관심과 애정, 배려가 없이 신동의 탁월성에 대해서만 호기심을 갖는 태도는 자칫 그를 구경거리로 만들거나 찬탄의 대상으로 거리를 두게 하여, 함께 살아가는 생활인으로서 관계 맺기를 원천적으로 차단하기 때문이다. 그러므로 관심의 핵심은 신동에 대한 경탄이라기보다는 그 아이가 더불어 살아가야 할 사회와 환경에 놓여야 한다.

이와 더불어 천재 어린이에 관한 이야기에 비해서 왜 성인의 천재성에 대한 이야기는 드문지, 있다고 해도 성인의 천재성에 대한 경탄은 왜 신동 이야기만큼 순수하게 느껴지지 않는지도 같이 생각해 보아야 할 문제일 것이다.

사람이 일찍부터 재능을 보인다고 해서 나중에 반드시 훌륭하게 되는 것은 아니다. 나는 어렸을 때 빛나는 진취를 보였더라도 장성한 후에도 반드시 남보다 뛰어나게 되는 것은 아니라는 말을 들은 적이 있다. 그때 나는 세상이 이끌어 주고 가르쳐 주는 방법이 적절치 않았기 때문이라고 생각했었다.

그런데 오랜 세월을 살아오면서, 실제로 어렸을 때 총명하고 영리했던 수재가 성장하면서는 빛나는 재능을 잃어버리는 것을 본 적이 있다. 원대한 그릇이란 드문 것이다.

나는 송나라의 신동과목(神童科目)을 살펴보았다. 당나라 태종 시절 낙양에 살던 곽충서(郭忠恕)는 일곱 살 때 구경(九經)을 통했다고 하며, 채백희(蔡伯俙)는 네 살 때 백여 편의 시를 외웠다고 한다. 주천석(朱天錫)은 아홉 살 때 오경(五經)으로 벼슬길에 나섰고, 그의 사촌형 주천신(朱天申)은 열두 살 때 십경에 통했다. 양억(楊億)은 열한 살 때 궐에 불려가 비서정자(秘書正字)에 임명되었으며, 금나라의 유천기(劉天驥)는 일곱 살에 『시경』『서경』『예기』『역경』『춘추좌전春秋左傳』『논어』『맹자』를 다 외웠고, 유주아(劉住兒)는 열한 살 때 시와 부(賦: 한문체에서, 글귀 끝에 운을 달고 대(對)를 맞추어 짓는 글)를 지을 줄 알았으며 대소육경(大小六經)을 외웠다. 신동 중에서 벼슬로 이름이 났던 자로는 송나라의 안수·육덕명과 명나라의 해진·이동양·양일청·동기·양정화 등 몇 사람이다. 우리나라에는 김시습과 이산해 등 두어 사람이 있을 뿐, 다른 이는 듣지 못했다. 타고난 재능과 지혜를 그대로 이어간다면, 무슨 일이든 못할 것이 없을 터인데, 공명과 사업이 반드시 이런 사람들에게 나오는 것은 아니었다.

이익, 『성호사설星湖僿說』, 「신동神童」

이익은 『성호사설』에서 탁월한 재능을 지녔다고 훌륭하게 되는 것은 아니며, 사람에 따라서는 자라면서 재주가 줄어드는 경우도 있다고 했다. 조선 후기의 천재적 문인 홍길주(洪吉周, 1786~1841)는 어려서 총명했는데 자라면서 점점 재능이 줄었다는 고백을 했다. 성인 홍길주가 남긴 글들이 탁월하기 때문에 스스로 총기 있었다고 회상했던 어린 시절이 더욱 궁금해진다.

뛰어난 업적이 단지 천재들에게서 나오는 것만은 아니라는 이익의 발언이, 평범한 재능을 타고난 사람들에게 위안을 주는 것은 사실이다. 재능이란 타고나는 것이라 개인의 노력으로 어찌해 볼 수 없다는 발상은 천재에 대한 범인들의 선망과 경외를 보여주지만, 평범한 개인들을 더욱 빛나게 하는 것은 천재를 알아보는 능력과 그가 재능을 펼칠 수 있게 기회를 주고 인정해 주는 힘이 아닐까. 어쩌면 그 힘은 신동이 태어날 확률만큼이나 희소한 것인지도 모르겠다. 어떤 의미에서는 타인의 재능을 똑바로 응시하고 인정하는 것 자체가 신이하고 예외적인 능력이라 하겠다.

유재건(劉在建) 1793년 태어나 1880년 세상을 떠났다. 중인 문인이고 호는 겸산(兼山)이다. 어려서부터 신동으로 알려졌으며, 시서에 재능이 있었다. 규장각에서 『열성어제』를 편찬하는 데 힘썼다. 조희룡·최경흠 등과 중인들의 모임인 직하시사를 만들었으며, 위항문인의 시를 모아 『풍요삼선』을 펴냈다. 위항인의 전기집 『이향견문록』을 펴내는 등 중인 문화에 가치를 부여하고 널리 알리는 데 힘썼다.

조선시대의 생애 가치와
어린이 삶의 기록

_유재건 『**이향견문록**』

생애 가치, 역사와 사회를 보는 인문적 거울

생애 가치란 삶의 의미란 무엇이며, 어떻게 살아야 하고 무엇을 추구해야 하는가에 대한 각 시대의 문화적 동의를 함축하고 있다. 이것은 문화권, 시대, 역사에 따라 서로 다른 양상을 보이기 때문에, 어떤 사회의 인문적 특질을 이해하기 위해서는 그 사회가 개인에게 부여한 생애 가치가 무엇이었는가를 살피고, 역으로 각 개인이 자신의 생애 가치를 성취하기 위해 어떠한 노력을 하였으며 이것을 사회에 설득하기 위해 어떻게 처신했는지를 파악하는 것이 중요하다.

현대의 신자유주의 사회를 예로 들어보자. 출세주의, 능력주의, 학벌주의, 가시화된 부와 물질주의, 안티에이징(Anti-Aging) 같은 생애 가치는 현대 사회의 자본주의와 성공 지상주의 성격을 드러낸다. 반면에 느림의 미학, 내면과 영성의 추구, 돌봄과 더불어 살기, 만족과 행복에 대한 지향성, 잘 나이 들기에 대한 성찰 등은 이러한 현대 사회의 문제점에 저항하면서, 새로운 가치와 삶의 태도를 사회적으로 제안하고 실천하려는 움직임을 보여준다.

그런 의미에서 한 시대와 사회의 생애 가치가 무엇인가에 관심을 기울이는 일은 그 시대 사람들이 '일생'이라는 제한된 시간 동안 추구하고 지향해야 할 것을 어떻게 성찰했으며, 이에 관해 사회적으로 합의하기 위해 노력해 왔는가를 살펴볼 수 있는 중요한 인문적 과제다.

조선시대 생애 가치란 무엇이었는가

조선시대 사람들의 생애 가치를 살펴보는 방법은 다양하겠지만, 가장 기본적으로 살펴볼 수 있는 것은 한 사람의 생애를 적은 '전(傳)'을 읽는 것이다. 전이란 한 개인이 세상을 떠났을 때, 그 사람의 일생을 기리고 기념하기 위해 타인이 쓰는 것이 일반적이었다. 예외적으로 살아생전에 본인이 직접 전을 쓰기도 했는데, 전체적인 성향에 비하면 드물었다. 한 사람의 일생을 기록하는 문학 양식으로서의 전은 오랜 세월에 걸쳐 사람의 일생을 정리하는 역할을 해 왔기 때문에, 여기에는 인간의 삶에서 무엇이 '기록할 만한 것인가'에 대한 사회적이고도 역사적인 성찰과 합의가 담겨 있다.

이러한 전은 조선시대 문집에도 빠짐없이 수록된 본격적인 문학 양식의 하나다. 말하자면 제도권 문학에서 공인되었던 글쓰기 양식에 속한다. 따라서 전의 형식은 정해져 있다. 그 사람이 어떤 사람이고, 어떤 점에서 글로 남겨야 하는지에 대한 사회적 합의가 전이라는 글쓰기 양식을 통해 정착했다고 볼 수 있다.

전의 대체적인 형식은 인물의 가계, 성품과 인격, 사회적 공적, 학문적 성취, 인간관계, 혼인과 자녀, 자손에 관한 정보를 담는 것이다. 이러한 요소는 한 사람의 생애에서 기록한 만한 것이 무엇인가에 대한 당대 사회의 입장과 시선을 보여준다. 학문을 입신양명을 위한 방법으로 간주하던 조선시대에 소위 '출세'는 자신의 능력과 소양을 사회에 환원하는 방법이었다. 따라서 그가 입신하여 어떠한 사회적 공적을 남겼는지를 주요한 생애 가치로 여기는 문화가 형성되어 있었다. 그러나 이는 주로 과거를 통해 입신할 수 있었던 사대부 남성으로 제한되었고, 여성이나 신분이 낮은 이들에 대해서는 전 자체가 쓰인 경우가 드물었다. 쓴다고 해도 사회 공적을 기록할 여지는 많지 않았.

이러한 전의 내용을 통해서 사람의 생애에 대해 역사와 사회가 어떠한 가치를 부여해 왔는지를 살펴볼 수 있다. 외적인 사회적 공헌이나 학문적 성취 못지않게 중요한 기록의 요소로 간주되었던 것 중의 하나가 바로 그 사람의 인품과 인격이었다. 개인의 수양이나 인격, 인간관계, 타인에 대한 배려나 희생 등을 전의 주요한 서술 항목으로

평생도 중 정승행차 장면이다. 정승이 공무를 보고 밤 늦게 집으로 돌아가는 길을 그렸다. 조선시대에는 높은 관직을 얻어 출세하는 것이 선비들이 지향하는 삶의 가치 중 하나였다. 평생도에서도 삼일유가, 관찰사 부임, 정승행차 등 과거 급제와 관직 생활을 그린 장면이 여러 개다.

전 김홍도, 「평생도」 중, 조선 18세기, 국립중앙박물관

간주했던 것은 인문성을 존중했던 사회적 시선을 보여주고 있다.

중인들의 전기집 『이향견문록』

조선시대에 창작된 전의 대부분이 사대부 남성을 대상으로 삼은 것이었지만, 드물게는 그들의 어머니나 아내에 관해 쓴 것을 찾을 수 있다. 또한 신분이 낮은 사람들, 중인, 천민, 화가와 악공, 기술자 등에 관한 전도 쓰이기 시작했다. 이는 조선 후기에 나타난 현상이다. 오직 신분이 높고 출세하여 사회적 공헌을 많이 한, 엄밀히 말하자면 사회적 공헌을 많이 할 수 있는 기회를 타고난 사람들을 대상으로 쓰이던 전이, 여성과 중인, 나아가 천민과 어린이를 대상으로도 쓰이게 되었다. 이러한 것은 분명 인간을 바라보는 새로운 시선이 등장했음을 시사한다. 동시에 생애 가치란 신분이나 성별 등 타고난 요소에 좌우되는 것이 아니라, 그 사람이 살아서 무엇을 했고 어떻게 살았으며, 무엇을 추구했는가라는 행위와 실천 등을 중요하게 여기기 시작했음을 보여준다. 이러한 변화를 보여주는 대표적 사례가 유재건이 편술한 중인 전기집 『이향견문록里鄕見聞錄』이다.

유재건은 정조 대에 태어나 고종 대까지 살았던 조선 말기의 중인 학자다. 그는 자신과 같은 중인들과 일종의 문단 모임인 직하시사(稷下詩社)를 꾸려 문단 활동을 이끌었다. 그와 교류하던 중인 출신 문인인 조희룡(趙熙龍, 1789~1866)은 또 다른 중인 전기집인 『호산외기壺山外記』를 펴내기도 했으니, 당시 중인들의 문단 활동이나 문학적 소양, 문화적 관심이 얼마나 대단했는지 짐작할 수 있다.

『이향견문록』은 유재건이 여러 책에 흩어져 전하는 중인들의 전을 한데 모아 엮은 책이다. 이들이 중인들의 전기를 편찬하고 저술했다는 것은, 일차적으로는 사람의 생애 가치를 단지 타고난 신분을 중심으로 사유하던 지배 문화의 시선에 저항했다는 의미를 갖는다. 그러나 이에서 나아가 그러한 저항을 구체화하는 대안적 방법으로써 글쓰기를 택하는 능동적 실천을 했다는 점에서 더 큰 의미를 부여할 수 있다.

중인들의 생애 가치

그렇다면 중인들의 생애 가치는 어떻게 사유되었는가? 이는 『이향견문록』의 편제를 통해 살펴볼 수 있다. 이 책은 총 10권 3책으로 이루어졌으며, 모두 287편에 총 309명의 중인 전기가 실려 있다.

『이향견문록』을 통해 중인 문인 이이엄 장혼, 송석원시사를 조직했던 천수경(千壽慶, ?~1818), 서예가 석봉(石峯) 한호(韓濩, 1543~1605), 화가 김홍도(金弘道, 1745~?)와 최북(崔北), 지도 제작자 김정호(金正浩), 『동의보감東醫寶鑑』의 저자 허준(許浚) 등의 생애를 간략하게나마 알 수 있다.

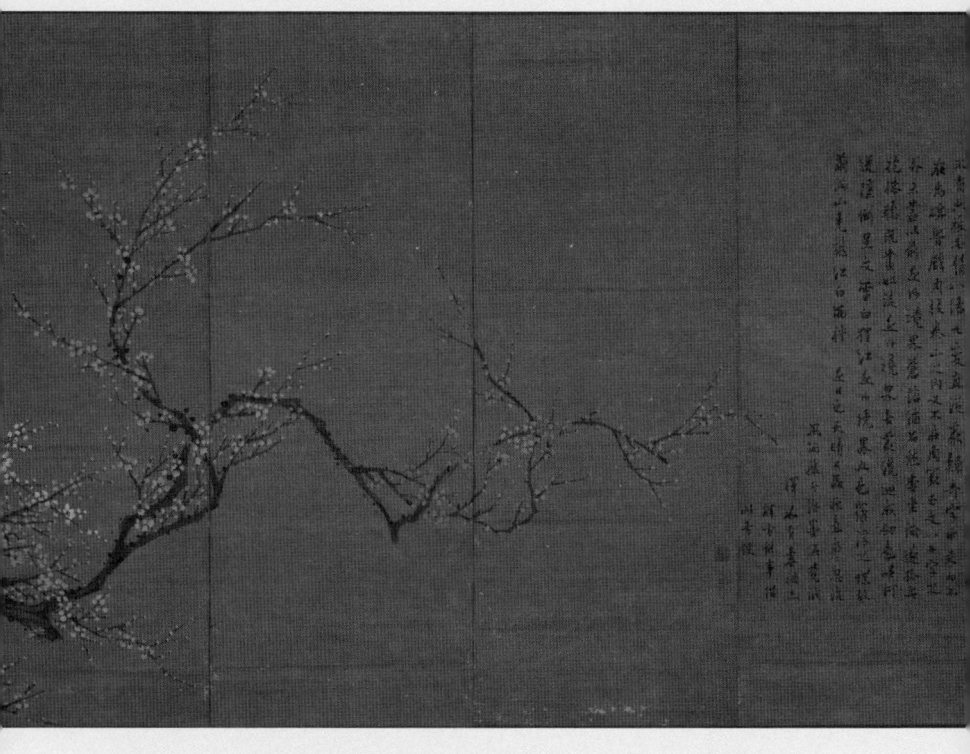

조희룡은 시·서·화에 모두 재능을 보였으며 특히 매화 그림에 뛰어났다. 조희룡은 중인 전기집 『호산외기』를 남겼으며 『이향견문록』에 서문을 쓰기도 했다. 이러한 것은 그가 중인 문화의 가치를 새롭게 발견하고 이를 널리 알리려 했음을 보여준다. 　　조희룡, 「붉은 매화와 흰 매화」, 조선 19세기, 국립중앙박물관 조선시대 문인들의 전기는 개인 문집에 실려 있어서 개별적으로 전하는 데 비해, 중인의 전기는 편저라는 저술 형태로 편찬되었다. 중인의 전기가 '편저'의 형태로 저술된 이유는 중인 가운데는 개인 문집을 가질 정도의 문학적 소양과 문화적 역량을 갖춘 경우가 많지 않았기 때문이다. 따라서 가치 있는 삶을 살았지만 문집을 통해 가계 전승을 할 수 없었던 중인들의 기록을 한데 모아 편찬하려는 의식이 생겨난 것이다.

그런데 그 과정에서 재미있는 현상이 생겨났다. 300명이 넘는 중인들의 삶을 한데 모아 편찬하려니, 이들을 일목요연하게 정리할 필요가 있었다. 예컨대, 기록할 만한 중인들의 생애 키워드를 무엇으로 정할지가 필요했다는 뜻이다. 오늘날 대형 서점에 가 보면 인문, 종교, 생활, 여행 등으로 섹션이 구분되어 있어 사람들이 편리하게 찾아볼 수 있는 것처럼, 중인 전기집에도 일종의 편제가 필요했다.

옆의 표는 유재건이 중인의 전들을 배치하고 분류하는 기준에 관해 어떤 고민을 했는지를 보여준다. 동시에, 당시에 '가치 있는 삶' 나아가 '중인들의 생애 가치'에 대해 사회적인 합의가 어떻게 이루어졌는지를 보여준다. 유재건은 이를 총 10개 항목으로 정리했다. 이 중에서 가장 많은 비중을 차지하는 것은 문학 항목이다. 총 71편에 73명의 중인 문인의 전기를 싣고 있어, 전체의 23.7퍼센트를 차지한다. 다른 항목과 달리 문학 항목은 3부로 편집될 정도 그 분량이 많다.

기록할 만큼 뛰어난 문인이 많았다는 뜻이다. 이는 중인들이 문학을 통해 사회적으로 인정받고자 했으며, 그들 또한 사대부 문화에 뒤지지 않는 문화적 역량을 갖추었음을 입증하고자 했음을 보여준다. 중인 문화의 자부심을 '문학하는 중인들'에 대한 글쓰기 형식으로 드러낸 것이기도 하다.

권	항목	수록 편수	수록 인물 수	비율(인물 수 기준)
1	학행(學行)	14	15	4.9%
2	충효(忠孝)	52	56	18.0%
3	지모(智謀)	41	42	3.6%
4	열녀(烈女)	30	30	9.7%
5	문학(文學) 1	29	30	
6	문학(文學) 2	22	23	23.7%
7	문학(文學) 3	20	20	
8	서화(書畵)	33	45	14.6%
9	의학(醫學)·잡예(雜藝)	21	23	7.4%
10	승려(僧侶)·도가류(道家類)	25	25	8.1%
합계		287편	309명	100%

비중이 높은 순서대로 정리해 보면 다음과 같다.

	문학	충효	서화	지모	열녀	승려·도가류	의학·잡예	학행	합계
비율(%)	23.7	18	13.6	13.6	9.7	8.1	7.4	4.9	100

문학의 비중이 가장 높고 윤리와 도덕성을 상징하는 충효 항목이 두 번째를 차지한다. 중인들이 자신들의 고유한 가치와 재능으로 판단하던 서화, 즉 예술적 재능을 지닌 예인전이 세 번째 순위를 차지하는 것도 의미가 크다. 이는 조선시대에 문인의 전을 쓸 때는 그다지 주목하지 않았던 부분이다. 조선 후기에 들어서며 사대부들도 예술적 재능에 관해 언급하기도 했으나 따로 항목을 만들 정도로 내세우는 요소는 아니었다. 그런 점에서 예인으로서의 자기 정체성에 자부심을 가졌던 중인들이 서화 항목을 별도로 설정한 것이 눈에 띈다.

이와 아울러 주목할 것은 여성의 전기를 별도로 모아 열녀 항목에 배치했다는 점이다. 여기서 열녀란 대체로 남편을 위해 목숨을 바치거나 남편을 따라 죽은 여성을 뜻한다. 『이향견문록』의 열녀 항목에도 남편을 위해 수절하거나 정절을 지킨 여성의 이야기가 대부분이다. 그러나 그밖에도 의로운 여인, 정직한 여인, 효녀, 훌륭한 어머니에 관한 이야기도 포함되어 있다. 이는 조선시대의 문화적 특성상, 뛰어난 여성을 지시하는 형용사가 발달하지 않은 까닭에 '열녀'라는 명사를 '훌륭한 여성'을 가리키는 일반 명사로 통용했기 때문이다. 어찌 되었든 여성을 하나의 항목으로 배치하여 '기록할 만한 역사적 대상'으로 삼았다는 것은 주목할 점이다.

또 승려와 도가, 의학과 잡예 등은 사대부의 전에서는 거의 찾아보기 어려운 사례들이다. 유교를 숭상하는 사대부의 문화적 풍토에서 불교와 도가는 이단으로 간주되었으며, 의학과 잡예 등은 그야말로 잡기나 잡술로 여겨졌기 때문이다. 그러나 실질적으로 불교와 도교는 민간의 풍속으로 자리 잡고 있었고, 의술 또한 일상에서 중요한 실용 지식이자 기술로서의 가치를 지니고 있었다. 중인들은 이러한 요소를 삶의 일부로 받아들이면서, 중인 문화의 주요한 정체성으로 인정하는 풍토를 만들어 나갔다. 이러한 정황으로 보아 중인들이 존경할 만한 생애, 가치 있는 삶을 평가하는 기준에 사대부와 다른 잣대가 작용했음을 알 수 있다.

그런데 『이향견문록』의 첫머리에 배치한 항목은 가장 비중이 높은 문학이나 재능 있는 예술가를 다룬 서화가 아니라 학행이다. 학행 항목은 실질적으로는 다른 것에 비해 그 비중이 가장 낮다. 그럼에도 불구하고 이것을 첫머리에 둔 것은, 학행이야말로 가장 중요하고 가치 있는 요소라고 판단했기 때문이다.

중인들은 비록 타고난 신분은 낮지만, 학문과 수양을 통해 사대부 가문에 못지않은 학식과 풍모, 인격을 갖추고, 미덕이 있는 삶을 살았다는 것을 기록함으로써, 후손들이 중인으로서의 삶에 가치를 부여하고 자부심을 가질 수 있도록 했다. 아울러 동시대를 살아가는 사대부에 견주어 자신들의 문화가 결코 낮지 않다는 것을 드러내는 문화의식을 보여주었다.

선비들의 시 모임을 그렸다. 19세기 중반에는 중인들의 시 모임이 활발하게 이루어졌다. 『아희원람』을 편찬한 장혼은 송석원시사의 일원이었고, 『이향견문록』을 엮은 유재건은 직하시사의 일원이었다.

「금란계첩」 중, 조선 1857년, 국립중앙박물관

중인 어린이에 관한 생애 기록

그렇다면 『이향견문록』에 혹시 어린이 전이 수록된 바가 있을까?

놀랍게도 여기에는 총 3편의 어린이 전이 수록되어 있다. '놀랍다'고 한 이유는 어린이를 기록할 만한 역사화의 대상으로 사유했다는 것 자체가 당시로서는 이례적이기 때문이다. 이는 중인들이 인간과 그 삶을 바라보는 시선의 고유성을 시사하는 동시에, 사회 주체로 인정받지 못했던 어린이가 어떤 경위로 '의미 있고 가치 있는 존재'로서 역사와 문학에 등장하는가를 보여주는 이례적인 '사건'이다.

『이향견문록』에 실린 세 편의 어린이 전은 「동자 홍차기童子洪次奇」와 「동자 김중진童子金重鎭」 그리고 「효녀 취매孝女醉梅」다. 앞의 두 편은 남자아이의 전으로 충효 항목에 실려 있으며, 세 번째는 여자아이의 전으로 열녀 항목에 실려 있다. 「효녀 취매」가 미혼의 여자아이 이야기인데도 열녀 항목에 실린 것은 앞에서 언급한 대로, 당시에는 열녀라는 단어가 훌륭한 여성을 가리키는 범칭이었기 때문이다.

전이란 한 인물이 생애를 마친 뒤에 쓰는 것이 일반적이었기 때문에, 어린이에 관한 전이 남겨졌다는 것은 그들의 어린이 시기에 생애를 마감했다는 것을 의미했다. 놀라운 것은 이들이 어리지만 여기에 기록된 그들의 생애 가치는 어른의 것을 방불케 한다는 점이다.

이 세 명의 어린이 전이 수록된 항목은 다르지만, 이 세 어린이들은 모두 어른 못지않은 효성스런 마음과 행실 때문에 전기집에 실렸다. 도덕적 가치야말로 어린이가 사회 주체로서 인정받고 자신의 목소리를 낼 수 있으며, 사회와 소통할 수 있는 유력한 매개였음을 시사하고 있다. 이 중에서 「동자 김중진」 전을 살펴보자.[10]

어린 김중진의 일생

김중진이라는 아이는 여항인의 자손으로, 아버지는 김만학이다. 태어난 이래로 가정과 서당에서 무언가를 배운 적은 없었지만, 매우 총명하고 영민했다. 다섯 살에 책을 읽을 줄 알았으며, 한번 보면 외웠고, 기질과 도량이 조숙해서 행동거지가 여느 아이들과 달랐다. 부모님을 항상 곁에서 모시며, 식사를 잘하시는지 살피고 잠자리를 살펴드렸다. 조상의 제사가 있는 날에는 어른들과 함께 목욕재계하고 참석했는데, 어느 날 깜빡 잠이 드는 바람에 모르고 지나간 적이 있었다. 중진은 매우 안타깝게 여기며, 하루 종일 아무것도 먹지 않고 속상해 했다.

여덟, 아홉 살 쯤에는 『소학』을 읽었는데 외우고 익히기를 그치지

---

[10] 「동자 홍차기」와 「효녀 취매」는 필자가 쓴 중인 전에 관한 저서 『문밖을 나서니 갈 곳이 없구나-거지에서 기생까지, 조선시대 마이너리티의 초상』(『서해문집』, 2007, 304~318쪽)에서 다룬 바 있기에, 중복을 피하기 위해 재론하지 않았다.

않았으며, 책 속에 있는 효도와 우애의 도리, 깨끗하게 청소하기 등을 모두 본받고 실천했다. 부모님은 그가 몸이 상할까 걱정되어 그만하라고 했지만, 중진은 쉬지 않고 힘쓰면서, 마치 미처 다 못할까 봐 염려하듯이 했다.

열한 살에 시 짓기에 큰 진척이 있었다. 집이 필운대 아래에 있었는데, 그곳에 많은 선비들이 놀러오고는 했다. 중진도 그곳에서 열린 선비들의 시 짓기 모임에 참석한 적이 있었다. 문재(文才)가 뛰어난 선비들도 중진이 지은 시를 보고 매우 훌륭하다며 칭찬을 아끼지 않았다. 이 일로 중진은 신동이라고 소문이 났다.

중진이 열두 살 되던 해에, 어머니가 전염병에 걸렸다. 중진은 그 곁을 지키며 며칠 밤을 새면서 간호했다. 그러나 어머니는 돌아가시고 말았다. 중진은 슬프게 통곡하며 물 한 모금도 마시지 않았다. 상주로서 예를 지키며 상례를 치렀는데, 마치 어른이 하듯이 했다. 장례를 마친 뒤, 중진이 아버지께 고했다.

"저는 평소에 잠시라도 어머니 곁을 떠난 적이 없어요. 지금 차마 어떻게 어머니의 혼백을 홀로 남겨 두고 떠날 수 있겠어요? 삼 년 동안 어머니 묘소에서 시묘살이를 하겠습니다. 그 곁에서 돌아가신 어머니의 혼을 위로해 드리겠어요. 허락해 주세요."

아버지는 안 된다며 허락하지 않았다. 그러자 중진은 애통한 마음이 더해져 몸이 점점 쇠약해졌다. 아버지는 아들을 엄하게 타이르고 꾸짖었다. 중진은 하는 수 없이 아침저녁으로 상식을 드릴 때 곡하는 것 이외는 슬픈 기색을 띠지 않았다. 그러나 맛있는 고기반찬은 입에 대지 않았다. 항상 시묘살이를 해야 한다고 울면서 간청하자, 아버지가 측은히 여기며 말했다.

"내 평생에 혈육이라고는 너 하나뿐이다. 네가 여막살이하러 떠나고 나면, 나는 누구와 산단 말이냐? 이제 열두 살 먹은 어린 아이가 여막에 산다는 것이 예에 맞는다는 말은 들어본 적이 없구나."

그러자 중진이 말했다. "여막에서 어머님을 모시는 것은 삼 년에 불과합니다. 그 후로 아버지를 봉양할 날이 무수히 남아 있어요. 예전에 촌은(寸隱) 유희경(劉希慶)[11] 선생님께서는 열세 살에 아버지 묘에서 여막을 살았다고 들었습니다. 그때 저는 비록 어렸지만, 꼭 그분을 본받아야겠다고 다짐했었어요. 나이가 어리다고 해서 부모님을 향한 마음을 어찌 그칠 수 있겠어요?"

아버지는 받아들일 수밖에 없었다. 중진은 어머니의 묘소에 가서 살면서, 하루에 세 번씩 곡을 하고 묘소를 돌보기를 게을리하지 않았다. 이렇게 지낸 지 반년이 지나자, 중진은 피로에 지쳐 병이 들고 말았다. 드디어 아버지가 들것을 가지고 가서 중진을 집으로 싣고 왔다. 의원에게 치료를 받았지만 차도가 없었다. 중진은 숨을 거두기

---

[11] 유희경(1545~1636)은 『이향견문록』의 「학행」 편에 실린 효자다.

전에 아버지에게 고했다.

"제가 지금 죽는다면 아버지께 큰 불효를 끼치는 것입니다. 그런데 어머니를 임시로 묻어 둔 채로 해를 넘기게 되었으니,[12] 더욱 가슴이 아픕니다. 이제 길한 묘자리를 정하셔서 어머니를 좋은데 묻어 드리세요. 제가 황천에 가더라도 한을 품지 않게 하여 주세요, 아버지."

그것이 중진의 마지막 유언이었다. 이때 나이가 겨우 열세 살이었다. 길 가는 사람들이 이 이야기를 듣고 눈물을 흘리지 않는 이가 없었다.

『이향견문록』, 「충효: 동자 김중진」

이 글은 조선 후기의 역관이었던 고시언(高時彦, 1671~1734)의 문집 『성재집省齋集』에 실린 것을 유재건이 다시 『이향견문록』에 실은 것이다. 김중진은 열세 살 어린이로 세상을 떠났다. 전이란 기록할 만한 생애 가치를 담은 글이라는 점에서, 이 글을 다시 생각해 보자. 김중진이라는 어린이가 전으로 쓰일 수 있었던 것은 그가 어른도 할 수 없는 효도를 실천했기 때문이었다. 동시에 그는 시를 매우 잘 써서 선비들에게 칭찬받고 이름이 알려진 신동이기도 했다. 중진의 효도는 아버지도 말릴 수 없었는데, 그것은 그가 어려서 듣고 배운 중인 출신 학자 유희경의 효행 이야기에 감동을 받았기 때문이었다.

---

[12] 예전에는 시신을 정식으로 묘에 안치하기 전에 임시로 가매장하는 관습이 있었다.

중인 어린이의 우상이 다른 사대부나 중국의 학자가 아니라 바로 자신들과 같은 중인이라는 점은 주목할 만하다. 중인 문화의 자부심이 어린이의 사고방식과 인생관에 영향을 미칠 정도로 상당했음을 보여줄 뿐더러, 실제로 그 문화적 수준이 뛰어났음을 의미하기 때문이다. 이러한 것은 중인들이 신분제 사회의 한계를 뛰어넘어 자신들의 고유한 문화적 가치를 사회적으로 설득하려고 노력했으며, 당대의 주류 문화였던 사대부의 문화 가치, 윤리, 생활 방식 등을 준수하기 위해 남다른 노력을 해온 결과이기도 했다.[13]

김중진의 전을 처음 쓴 고시언은 『성재집』에 이런 논평을 남겼다.

예로부터 신기한 아이들이 세대를 걸러 간혹 있어 왔지만, 열두 살짜리 아이 중에 경전에 해박한 신동이 있다는 이야기는 들었어도, 그 아이가 효행까지 남다르다는 말은 들은 적이 없다. 또 일곱 살짜리가 부모님의 잠자리에서 시원하게 부채질을 해 드렸다는 이야기는 들었어도, 그만큼의 탁월한 문장력까지 갖추었더라는 말은 들은 적이 없다. 그런데 지금 중진은 아이면서도 행실과 재능이 모두 뛰어나니, 어찌 이토록 기이한 일이 있단 말인가?

[13] 물론 중인들이 주류 사회에 편승하고자 했기 때문에, 사대부 문화의 가치에 저항하면서 대안 문화를 만들려는 노력이 상대적으로 미약했다는 비판을 가할 수도 있겠다. 그러나 인간을 새롭게 조명한 점, 여성이나 어린이 등 당대의 하위 주체를 명실상부한 사회 주체로 인정한 점 등은 중인 문화가 제시한 새로운 문화적 시선이었음은 분명하다.

중진이 죽자, 그 아버지는 아들이 남긴 시 십여 편을 모아서 이름 난 선비들을 찾아가 보여주며, 서문을 써 달라고 부탁했다. 이를 모아 한 권의 시집을 만들어 출판하여 세상에 전하려 한다. 중진은 비록 죽었지만, 그가 남긴 시집이 그를 죽지 않게 할 것이다. 아, 슬프다!

고시언, 『성재집』

고시언은 김중진의 삶을 '기이하게' 바라보았다. 이는 중진이 어린 아이로서 하기 어려운 효행을 했을 뿐더러, 탁월한 문학적 재능의 소유자이기도 했기 때문이다. 그는 대개 효와 문재, 다른 말로 하면 인품과 재능을 갖춘 아이는 드문 법이라고 했다. 그런데 중진은 이 둘을 다 갖추었으니 이해하기 어려울 정도로 예외적이라는 것이다. 이는 바로 최고의 찬사였다. 어린이의 죽음에 슬퍼하기보다는, 중인 출신인 어린이가 이토록 훌륭한 인물이라는 점을 강조한 것이다. 중인전이 쓰인 맥락에 중인 문화에 대한 지울 수 없는 자부심이 배어 있다.

어린 시절에 무엇을 읽고, 감동을 받는가에 따라 그의 일생 전부가 달라지는 경우가 많다. 이는 어린이에게 위인전을 읽히며 바라는 효과이기도 하다.[14] 위인의 삶에 감화되어 꿈을 갖고 인생을 설계하는

---

[14] 무엇이 '위대한가'라는 판단에 대해서는 논해볼 필요가 있다. 인품, 가치관, 세속적인 성공 여부, 행적, 태도 등에 관해서 결정론적으로 제시하기보다는 대화와 토론의 여지를 둘 수 있는 서술이 필요하다

경우가 적지 않기 때문이다.

  중인 전기집은 중인 문화에 그러한 라이프 모델 지침서와 같은 역할을 했다. 시묘살이를 하다가 어린 나이로 죽은 김중진이 가엾고 안타까운 것은 사실이다. 그러나 김중진이 인생의 목표를 품고 주관을 지켜 살아갔다는 점만큼은 어른 못지않게 열정적이었다. 인생을 바칠 만한 무엇을 갖는다는 것은 행복한 일이고, 후회 없이 살 수 있는 방법이 되기도 한다. 하지만 그것이 과연 그만한 가치가 있는가를 되물을 때, 생각은 다시 삶이란 무엇인가에 이르게 된다. 타인의 삶을 평가하고 발언하기에 앞서, 질문의 화살을 자신에게 되돌려, 바로 자신의 삶을 생각해 보게 한다.

  김중진의 아버지는 신동 소리를 듣던 사랑스런 외아들을 잃자, 그를 영원히 기억하기 위해 남은 글을 모아 시집을 만들었다. 평소에 아들을 칭찬했던 선비들을 직접 찾아가 서문을 써 달라고 부탁했다. 비록 어린 아들이었지만 '시인'으로 인정하고 '문인'으로 기억되도록 부정(父情)을 다한 것이다. '중진은 비록 죽었지만 그가 남긴 시집이 그를 죽지 않게 할 것이다'라는 말은 중인 전을 쓰는 이유를 대변하고 있다. 중인은 비록 하찮고 낮은 신분이지만 그들의 훌륭함을 글로 적어 역사로 기록하면, 그들의 생애 가치가 영원히 기억되리라는 것을 알고 있었던 것이다. 지금 우리가 중인 전을 읽고 그들의 생애 가치에 대해 사유할 수 있는 것도 바로 그러한 인문 정신의 실천 덕분이다.

『오륜행실도』는 정조의 명령으로 만들어졌으며, 세종 대의 『삼강행실도』와 중종 대의 『이륜행실도』를 합한 책이다. 부모와 자식, 임금과 신하, 남편과 아내, 어른과 어린이, 친구 등 사람의 다섯 가지 도리에 모범이 되는 이들의 이야기를 담았다. 그림은 고려시대의 효자 최루백의 이야기이다.

『오륜행실도』 중, 국립중앙도서관

어린이에게 듣는 어린이의 생애 가치

그렇다면, 다시 인간의 생애 가치에 대해 생각해 보자. 우리가 추구하는 삶의 가치란 과연 무엇인가? 어린이 김중진은 몸을 상하면서까지 효행을 다했지만, 그럼에도 불구하고 그를 '자기 관리를 하지 못한 실패자'로 비난할 수는 없다. 그는 자신이 소중히 여기던 시대적 가치를 몸소 내면화하여, 스스로 '가치 있는 삶'에 대한 소신을 결정하고, 이를 실천하기 위해 자신의 모든 시간과 열정, 정성과 진심을 바쳤기 때문이다. 그를 단순히 '효라는 시대논리의 희생자'로 비난할 수 없는 이유이다. 말하자면 김중진은 어린 시절에 감동받은 인물의 생애를 보고 자기 삶의 방향을 정하고 실천한 어린이였다. 그에게는 자기 삶의 전범이 있었고, 그 전범을 본받기 위해 자기 삶을 헌신했다. 그것이 과연 최선이었는가를 묻기에 앞서, 김중진은 자기 삶의 가치와 방향을 스스로 결정한 주체적 어린이였던 것만은 분명해 보인다. 그리고 아들의 선택에 대해 아버지조차 말릴 수 없었다. 말하자면 김중진 어린이의 삶에 대한 결정권이 어린이 자신에게 있었다고도 볼 수 있다.

그렇다면 오늘날의 어린이에 대해 생각해 보자. 그들에게는 과연 자기 삶을 스스로 결정할 수 있는 자유와 권한이 주어져 있을까? 또 현대의 어린이에게 어른들은 그들이 추구해야 할 생애 가치가 무엇이며, 그것은 어떻게 결정되고, 또 어떻게 추구되어야 하는가에 대해 생각할 기회를 주고 있을까? 그리고 오늘의 어린이들이 어른의 시각으로 볼 때 잘못된 선택을 하고 있다면, 또는 올바르고 가치 있지만, 어쩐지 무모해 보이거나 벅찬 선택을 한다면, 어른들은 이에 대해 어떤 태도를 보여야 하는 것일까?

유재건의 『이향견문록』을 통해 이 시대의 생애 가치가 무엇인지를 되물어 보고, 어린 나이로 자신의 신념과 판단에 따라 생애를 마감한 「동자 김중진」 전을 통해 어린이의 생애 가치에 관해 생각해 보려는 것은 이 때문이다.

김중진 어린이의 라이프 모델,
유희경에 대하여

　　유희경에 관한 기록은 유재건의 『이향견문록』의 「학행」 편에 실려 있다. 이 기록은 홍세태의 문집인 『유하집柳下集』에 실린 전을 바탕으로 삼은 것이다. 유희경은 어려서부터 효성이 뛰어나고 독서를 좋아했으며, 임진왜란 때 의병을 모아 적을 토벌한 공적이 실려 있다. 국가 업무에 관한 정보에도 밝아 공적을 인정받고 통정대부의 품계를 받은 적이 있다.
　　조용한 성품에 인자하고 욕심이 적었으며 자연을 사랑하여 집 근처 시냇가에 돌을 쌓아 대(臺)를 만들어 '침류대(枕流臺)'라고 이름 짓고, 그 주변에 나무를 심어 아름답게 가꾸고 산책하면서 시 읊기를 좋아했다고 한다. 공경대부들도 침류대에서 시와 노래를 지어 서로 부르고 읊으며 돌려보는 문화를 즐겼다고 전한다. 세간에서 그 시를 적은 것을 일러 『침류대시첩枕流臺詩帖』이라고 했다.
　　김중진 어린이가 감동받은 유희경의 효성에 대해서는 다음과 같은 기록이 전해진다.

　　유희경은 자가 응길(應吉)이며 강화 사람이다. 열세 살에 아버지가 돌아가시자 흙을 짊어져다가 장사를 지내고 묘를 지키며 떠나지 않으니, 근처의 중이 그를 가엾게 여겨 무덤 곁에 토막을 짓고 죽을 끓여 먹게 하였다.
　　공은 어머니를 효성스럽게 모셨다. 어머니께서 병환에 든 지 오래되어 항상 자리에 누워 계셨는데, 밤낮으로 곁에서 모시기를 조금도 게을리하지 않았다. 가끔 이부자리를 걷어다가 동소문 밖 시냇가로 가지고 가서 손수

빨아 바위에 널어놓고 말리면서, 그 옆에 앉아서 책을 읽으니 보는 사람들이 기특하게 여겼다.

김중진은 중인 학자이자 실천적 지식인이었던 유희경을 존경했고 자기 삶의 모델로 삼았다. 어린 몸으로 당치 않다며, 어머니의 시묘살이를 말리는 아버지를 설득하기 위해 김중진이 내세운 인물이 바로 중인들의 존경을 한 몸에 받았던 유희경이다. 김중진의 아버지도 유희경처럼 살겠다는 아들을 말릴 수 없을 정도로, 유희경은 중인들의 우상이었다.

홍만선(洪萬選) 1643년 태어나 1715년 세상을 떠났다. 조선 후기 문신이자 실학자이다. 이용후생의 실학정신으로 학문 연구와 저술 활동을 하였다. 만년에 향촌의 경제 지침서이자 농학 서적인 『산림경제』를 저술했다.

유중림(柳重臨) 1705년 태어나 1771년에 세상을 떠났다. 조선 후기의 농학자이자 의관이다. 태의원의 내의로 일했다. 홍만선의 『산림경제』를 수정·증보한 농서, 『증보산림경제』를 편찬하여 농업 기술을 보급하는 데 힘썼다. 이 책은 박물지적 성격을 지니고 있으며, 이후 서유구의 『임원경제지』에 많은 영향을 끼쳤다.

어린이와 젠더

_유중림 『증보산림경제』「가정」

농가의 일상 백과에 보완된 어린이 교육

『증보산림경제增補山林經濟』는 유암 홍만선이 편찬한 『산림경제山林經濟』를 1766년(영조42년)에 유중림이 증보한 종합농업기술서다. 『산림경제』는 17세기 말에서 18세기 초에 완성된 4권 4책(글자 수로 16만 자 정도)의 책이다. 이 책의 편찬자인 홍만선은 풍상 홍씨로, 증조부 홍이상(洪履祥)은 대사헌을, 할아버지인 홍영(洪霙)은 예조참판을, 아버지인 홍주국(洪柱國)은 이조판서를 지낸 명문가 출신이다. 그러나 아버지 대에 집안이 정치적으로 쇠하는 바람에, 그 자신은 변변한 벼슬자리를 얻지 못한 채 미관말직으로 지내다가, 쉰넷이 되서야 대흥 군수가 되었다. 벼슬길이 늦었고 가문도 영락하여 선조만큼의 영화를 누리지 못했지만, 그는 군수 시절의 경험을 살려 『산림경제』를 편찬함으로써, 세상에 자신의 존재를 널리 알렸다. 하지만 실제로 이 책이 세상에 알려지게 된 것은 그가 73세로 세상을 떠난 뒤였다. 그가 세상을 떠난 지 3년이 지났을 때, 홍만선의 사촌형인 홍만종(洪萬宗, 1643~1725)이 이 책에 서문을 쓰면서 세상에 알려지게 되었다.

『산림경제』는 농업과 일상생활에 관한 소백과사전이라 할 수 있다. 여기에는 곡물·채소·나무 등을 비롯하여 농가의 일상에 필요한 지식이 총합되어 있다. 조선시대는 농업이 주요 산업이었기 때문에 농업 생산성이 중요했다. 따라서 농사의 기술과 방법을 적은 농서(農書)를 편찬하는 실용서의 전통이 마련되어 있었다. 이 책은 그러한 농서의 전통을 잇고 발전시킨 것이다. '산림경제'란 농사를 짓고 지내는 사람들이 일상에서 알아야 할 참고 사항을 주요하게 적은 책이라는 뜻이다. 현대적으로 번역하자면, 이 책은 일상 경영서이면서 동시에 재테크 서적이기도 하다. 왜냐하면 농사를 잘 지어 수확량을 높이는 일이 곧 가정 경제를 윤택하게 하는 실질적인 방법이었기 때문이다.

『산림경제』에는 농사를 짓는 데 필요한 구체적인 방법이 상세하게 적혀 있으며, 농업에 수반되는 나무 심기, 양잠, 가축 기르기 등의 부업에 대한 내용이 항목별로 정리되어 있다. 이런 점에서 이 책은 명실공히 '농서'의 정체성을 지니고 있다. 그뿐만 아니라 주택, 건강, 의약 등 농가에서의 일상생활에 필요한 실용적 지식이 망라되어 있다는 점에서 서민의 실용 '백과사전'이라 해도 무방하다. 구체적인 편제를 살펴보면, 이 책에는 주택(卜居)·건강(攝生)·농사(治農)·밭농사(治圃)·나무심기(種樹)·화훼(養花)·누에치기(養蜂)·가축 기르기(牧養)·음식의 조리와 저장(治膳)·의약(救急)·구황(救荒)·질병예방(辟瘟)·해충박멸(辟虫) 등의 항목이 수록되어 있다. 이 책은 이와 같은 실용적 가치가 인정되어 여러 사람에 의해 필사되면서 널리 유통되었고, 이에 따라 몇몇의 내용을 보완한 증보판이 나오게 되었다. 『증보산림경제』는 이러한 결과로 나오게 된 책이다.

유중림이 편찬한 『증보산림경제』는 총 16권 12책(34만 자 정도)으로, 분량만도 원전의 두 배가 넘는다. 홍만선의 생애 정보가 알려진 데 비하면, 유중림의 생애에 대해서는 별로 알려진 것이 없다. 다만 아버지가 숙종 때 천연두를 잘 고치기로 유명했던 어의 유상이었으며, 그 자신도 내의원의 의원이었다는 점이 알려져 있다. 그러나 의원으로서의 삶에 그다지 만족하지 못했던 듯하다. 그는 후배이자 벗이었던 임희성(任希聖, 1712~1783)에게 이 책의 서문을 부탁한 뒤에 의원직에서 물러나 은거했던 것으로 보인다.

『증보산림경제』는 『산림경제』를 단지 양적 차원에서 보완한 것이 아니라, 원전에는 없는 항목이 추가되기도 했다. 가정생활을 뜻하는 '가정(家政) 상·하', '기상예측(田家占候)' 등이 그 예다. 그중에서도 이 글에서 주목하려는 것이 바로 '가정생활'이다. 가정을 다스리는 방법 중 한 항목으로 '어린이 교육'에 관한 내용이 배치되었기 때문이

『산림경제』는 숙종 때 홍만선이 엮은 책으로 4권 4책이었다. 농업뿐 아니라 식생활, 의학, 약학 등 생활 전반을 두루 다루고 있다. 영조 때 유중림이 이를 보완하여 『증보산림경제』를 엮었는데, 분량이 16권 12책에 이른다. 『산림경제』 표지, 출처 위키피디아다. 이는 '농사짓기'라는 살림의 경제학을 다루는 데 있어서, '가정 다스리기'라는 삶의 문제가 배제될 수 없다고 판단한 유중림의 인생 철학과 일상에 대한 이해 정도가 반영되어 있다.

어린이 교육이라는 어른의 문제

한 가정이 흥하고 쇠하는 것은 오직 가장의 책임이다. 가정에서 하는 일들은 지극히 많으니, 반드시 이치와 순리에 따라서 하고, 조금이라도 어기거나 거스르지 않아야 한다. 일하기에 앞서서 먼저 사려 깊게 생각하고 정밀하게 살핀다면, 가정이 모두 순조롭게 화합하고 일은 반드시 잘 되는 법이다. 한 가지라도 차질이 생기거나 실수하게 되면 실패하게 되니 두렵지 않겠는가? 이에 집안 다스리기(家政)에 대한 항목을 적어 본다. 「증보산림경제」, 「가정·상」

위의 내용은 유중림이 가정 항목을 상하로 나누어 편제하면서 붙인 소개의 글이다. 여기서 그가 가정을 다스리는 주체를 '가장'으로 보았다는 점에 주목할 필요가 있다. 살림의 주체를 주부인 여성이 아니라, 가장인 남성으로 본 것이다. 조선시대의 가장은 가정을 실제로 다스리는 주체였을 뿐만 아니라, 집안 대소사에 관한 의사결정권을 지닌 가정 내에서의 문화 권력자이기도 했다. 따라서 여기에 수록된 모든 지식들이 '남성 중심적'으로 편제되었음은 자명해진다.

'남자의 나이 마흔이 되었는데도 자식이 없어 후사를 의탁할 곳이 없으면 온 집안과 상의하여 첩을 얻어야 할 것이다. 그러나 반드시 성품이 온순하고 병이 없는 좋은 여자를 골라서 방을 따로 정해 주고, 자손이 있기를 바랄 일이다.'라고 적은 것은 부계의 혈족을 존중해 온 조선시대 가부장제의 전통에서는 자연스러운 발상이었다. 그러나 이 서술에 이어 젊은 첩은 늙은 남편을 좋아하지 않는 법이라며, 남성과 여성의 성적 욕망에 대한 현실적 진단을 하고, 이를 바탕으로 남성 중심의 조언을 제시하는 내용이 이어진다. 이러한 것은 이 책이 온전히 남녀의 젠더 차이를 차별적 위계 속에서 서술하고 있음을 보여준다.

이러한 시선은 어린이 교육을 서술하는 부분에도 드러나 있다. 여기에는 '자손을 훈계함(訓子孫)'이라는 항목과 '여아를 가르침(敎女兒)'이라는 항목이 구분되어 있다. 말하자면 자식 교육에도 남녀 차이를 인정한 것이다. 그런데 그 차이가 단지 아들딸을 교육하는 태도의 차원이 아니다. 아들딸에게 가르쳐야 할 교육 내용이 차별적으로 설정되어 있다. 이와 아울러, 아들딸의 삶의 의미를 오직 가장의 입장에서 '교육'의 차원으로 사고했다는 점에도 주목할 필요가 있다. 어린이의 삶은 부모의 시선을 중심으로 통제되고 규율되며 유지되는 것이 마땅하다는 시각을 반영하기 때문이다. 여기에는 어린이의 의사를 경청해야 한다거나, 그들의 취향을 존중해야 한다는 발상이 전혀 고려되어 있지 않다.

어린이 삶의 젠더 차이와 미래 삶에서의 격차

『증보산림경제』의 「가정」 편에 배치된 '자손을 훈계함'이란 결국 아들 교육법을 의미하며, '여아를 가르침'이란 곧 딸 교육을 지시한다. 조선시대의 문헌에서 '자손'이라는 표현은 표면적으로는 아들딸 모두를 포함하지만, 그 내용을 읽어 보면 실질적으로는 아들만을 지시하는 경우가 많다.

아동은 방종하거나 놀기를 좋아하는 기질이 많으니, 날마다 회초리로 때려서 그 성품을 상하게 해서는 안 된다. 글로 서서히 가르쳐서 스며들게 하되, 아이에게 한 가지 행동을 받아들일 만한 역량이 있거든, 다만 반 정도만 가르쳐서 항상 여유 있게 배울 수 있도록 하면, 싫증을 내거나 빽빽한 독서의 압박에서 벗어나게 할 수 있다.

또한 반드시 과제를 엄하게 관리하여 하루라도 외우고 읽는 것을 거르지 않도록 해야 한다. 집 안에서 보고 듣는 일들이 모두 예법에 관한 말이거나 고금의 사실이게 하고, 책이나 필묵 이외에 다른 잡기가 없게 한다면, 아이들이 밖으로만 나가려고 하며 공부를 외면하는

돌잔치에서는 돌잡이라 하여 아이가 물건을 고르도록 하고 이에 따라 아이의 미래를 점쳤다. 이때 남자아이 앞에는 종이·화살·붓을 두었고 여자아이 앞에는 바늘·실·가위 등을 두었다.

전 김홍도, 「평생도」 중, 조선 18세기, 국립중앙박물관

일은 없을 것이다.

　자식이 15세가 되어 밖에서 스승을 찾아 배우게 되면, 나이 많은 학도들과 서당 안에서 먹고 자게 되는데, 이익은 별로 없고 해만 커진다. 아이가 먹고 자면서 공부하는 곳은 반드시 집에서 멀지 않아야 한다. 　　　　　　　　　『증보산림경제』, 「가정: 자손을 훈계함」

　이 내용은 자식 교육에 관한 지침을 담고 있지만, 사실상 아들을 대상으로 한 조언임을 짐작할 수 있다. 교육의 근본을 문자 교육과 독서, 글쓰기, 학문으로 설정한 것은 이 항목의 처음에 언급한 대로 '세상 사람이 가업을 지키고 가문을 이어가는 일은 전적으로 자손의 신상에 의지하므로, 자손이 어진가의 유무에 따라 집안의 흥망이 달려 있다'는 판단에 근거를 둔 것이다. 다시 말해 자손의 인품과 능력을 곧 가문의 흥망성쇠와 동일시하던 발상을 보여준다. 여기서의 학문 능력이란 입신양명의 척도를 말하고, 자손이란 당연히 입신양명이 가능한 아들로 한정된다.

　딸이 열 살이 되기 전에 언문을 가르치고 「삼강행실三綱行實」을 써주어 인륜의 도리를 알게 해야 한다. 가을과 겨울에는 베 짜기를 시키고, 봄과 여름에는 누에치기를 하게 하여, 한 시간도 쉬지 않도록 해야 한다. 명주와 무명 짜기를 제대로 하게 하되, 절대 낭비하지 말고, 집 안의 의복을 만들어 하나하나 간직해 두면, 혼수 비용으로 쓰기에 충분하다. 『증보산림경제』, 「가정: 여아를 가르침」

아들딸에 대한 교육에서 가장 두드러진 차이는 각자에게 가르치는 '문자'가 다르다는 점이다. 아들에게 한문 교육을 시켜 입신양명의 길로 들어설 수 있는 지적 도구를 숙련하도록 준비시키는 데 비해, 딸에게는 당시로서는 비제도권 문자인 언문을 가르쳐 사대부 남성 중심의 주류 문화로 진입할 수 있는 통로 자체를 차단한 것에 유념할 필요가 있다. 또한, 아들에게는 학문을 가르치라고 권고하면서, 서당에 보낼 때는 기숙하게 하지 말고 집에서 다니게 하라고 구체적으로 충고한 것과 달리, 딸에게는 살림살이에 보탬이 될 베 짜기, 누에치기, 명주 짜기 등을 가르쳐서 스스로 혼수 비용에 보탬이 되게 하라고 충고했다. 아들딸의 교육 내용 자체가 판이하게 다른 것이다. 조선시대 사대부가의 어린이들은 아주 어린 시절부터 뚜렷한 젠더 차이 속에서 교육되었으며, 이는 곧바로 그들의 장래의 삶의 방향과 내용에 대한 질적 규정으로 이어졌던 것이다.

『증보산림경제』가 보여주는 이러한 차이는 유중림만의 특별한 시선이라고는 볼 수 없다. 그보다는 조선시대의 일반화된 시선과 입장을 대변해 주는 것으로 보아야 마땅하다. 정작 중요한 것은 이러한 교육 내용의 차이가 결국은 아들딸에 대한 부모 세대와 당시 사회의 기대

『삼강행실도』는 1434년 세종의 명령으로 만들어졌다. 임금과 신하, 부모와 자식, 남편과 아내 등에 모범이 되는 이들의 이야기를 담았다. 「효자도」「충신도」「열녀도」의 3부작이다. 그림은 「열녀도」 중 안동에 살던 이강의 부인 김씨가 남편이 죽자 따라 죽은 이야기를 담고 있다. 『삼강행실도』중, 국립중앙도서관

심리를 반영한다는 점이다. 이러한 사례는 아들딸에 대한 교육 내용과 방법에 따라 그들의 생애 내용과 방향 자체가 달라진다는 것을 보여준다. 아울러 여기에는 어린이 또는 아동이라는 일반명사로 호명되는 아이들이, 사실은 뚜렷한 젠더 차이 속에서 사회적으로 호명되고 길러지며, 그 삶의 내용과 방향에 영향을 받는 존재로 성장하게 된다는 것이 함축되어 있다. 그리고 어떤 의미에서 이러한 차이는 다분히 차별적인 요소를 내포하는 것이다.

여자아이가 갖추어야 할 네 가지 행실이 있다
첫째, 여자다운 덕(婦德)이다. 지조가 굳고 정숙하며 정돈된 마음으로 행동에 법도가 있어야 한다.
둘째, 여자다운 말씨(婦言)다. 말을 골라서 하여 남이 거부감을 갖지 않도록 해야 한다.
셋째, 여자다운 용모(婦容)다. 때나 먼지를 깨끗이 씻고 복장을 깨끗이 해야 한다.
넷째, 살림살이 솜씨(婦工)이다. 길쌈에 전력을 다하고 술과 음식을 정갈하게 차리는 것이다.　『증보산림경제』,「가정: 여아를 가르침」

조선시대 여자아이들은 이러한 교육 지침 속에서 자신의 미래를 준비하도록 조율되었다. 요즘과 같이 대학 입시 중심으로 조율된 성적

평가 시스템은 없었지만, '훌륭한 여자 아이'라는 개념은 존재했고, 그에 합당한 존재가 되기 위해서는 위와 같은 기대 수준에 자신을 '순응시킬' 필요가 있었다. '부덕·부언·부용·부공'의 네 가지 덕목을 갖춘 여자아이란 결국 혼인하여 남자의 좋은 아내가 되고, 그 가문의 좋은 며느리가 되며, 그 집의 아이를 낳아 좋은 엄마가 되는 역할로 한정되었다. 그리고 여기에 필요한 교육 내용으로는 오직 '언문 읽기'와 살림살이만이 강조되었던 것이다. 그 밖의 능력은 불필요하고 해롭기조차 한 것으로 폄하되는 경우도 있었으며, 교육 지침 바깥을 상상할 수 있는 자유와 기회가 여자아이들에게는 좀처럼 주어지지 않았다.

당시에 지적 사회로 진입할 수 있는 유력한 매개인 '한문'을 가르치지 않은 것이 그 단적인 예다. 말하자면 여성은 전혀 주류 사회의 핵심 구성원이 아닌 것으로 간주되었고[15] 여성의 삶의 방향을 규정하는

---

[15] 그렇다고 해서 당시의 여성이 주요한 사회적 역할을 담당하지 않았다는 의미는 결코 아니다. 오히려 여성은 사회적 역할이나 공적(功績)에 대한 공적(公的) 평가가 부재한 가운데도 자신의 역할을 다하는 것으로 사회적 몫을 다 했으며, 지금까지도 그러한 형편에서 완전히 자유롭지 못하다.
여성의 역할은 주로 가정 내에서 이루어졌기 때문에 자녀 교육이나 시부모 봉양, 남편에 대한 내조, 제사 받들기, 종을 다스리기, 치산(가계 경제)에 대한 능력 등으로 한정되었다. 이를 높이 평가하는 것도 대개는 여성이 세상을 떠난 뒤에 자손이 쓰는 '행장'이라는 문학 양식 안으로 한정되었다. 이웃여인의 삶에 대해서는 알 수도 없고, 안다고 해도 말할 수 있는 문화가 형성되지 않았기 때문에, 훌륭한 여성에 대한 평가도 가정 내에서 이루어졌다고 볼 수 있다.
물론 남편이 승직할 때에 그 부인에게도 봉작이 이루어지는 공적 평가가 존재하기는 했지만, 사회활동을 함께 하면서 동료들에 의해 평가받는 형식과는 달랐다. 여성의 사

것은 그들에 대한 어린이기부터의 교육 과정과 생활 태도, 사회적 관습, 이데올로기 등 다기한 차원에서 작동하고 있었기 때문에, 그러한 분위기 속에서 성장한 여성은 성인이 된 후에도 오직 사회가 '권장하는' 여성의 역할에 '순응'하는 것으로 자신의 문화적 위치를 찾도록 스스로를 조율했던 것이다.

무엇보다도 당시에는 여성 자신이 그러한 사회적 기대 수준 자체를 뒤흔들어 저항하거나 재규정할 수 있는 여지가 주어져 있지 않았다. 더군다나 어른의 교육 대상으로 간주되던 어린 여자아이들에게는 자기 생애를 성찰할 수 있는 기회 자체가 부여되지 않았고, 오직 훈련을 통해 습득할 수 있는 비판적 능력은 전혀 함양될 수가 없었다. 그리고 이러한 어린이 삶의 젠더 차이가 결국 미래 삶의 격차로 확정되어 갔다.

현대 한국의 어린이에게 젠더는 존재하는가

그렇다면 다시 물어본다. 어린이에게 젠더는 과연 존재하는가? 그

회적 공론장이 제한되었던 시대적 분위기 때문이었다.
그리고 이런 특성은 그 대상을 어린이로 옮겨 놓았을 때도, 그다지 다르지 않다. 조선시대 어린이에 대한 기록 자체가 드물지만, 있다고 해도 그것은 어른이 기록한 것이어서, 어린이 자신이 어린이를 어떻게 보았는지의 실상을 파악하기가 매우 어렵다. 그리고 이러한 현상은 시대가 바뀐 오늘날에도 그다지 달라진 바가 없다. 문화 권력이라는 차원에서 어린이는 여전히 비주류 마이너리티다.

리고 남녀평등에서 나아가 양성평등의 개념이 일반화된 21세기 현대의 한국사회에, 어린이의 젠더 차이는 여전히 존재하고 있는가?

　남녀 어린이의 성차에 따른 색깔의 취향이나 복색의 차이·놀이 문화와 소비 상품·취미와 언어생활·인간관계·사회적 태도·장래희망에 이르기까지 일상의 거의 전반에 걸쳐서 젠더 차이를 발견해 내는 것은 결코 어렵지 않다. 핑크색 키티 인형을 좋아하던 남자 아이는 어린이집에 가면서부터 자신이 애착하던 장난감과 거리를 두기 시작한다. 그리고 또래 집단이 인정하는 로봇과 자동차의 세계로 애장품의 버전을 바꾼다. 그가 편입하고자 선택한 또래 집단의 특정 기호조차도 사실은 성인들의 가치관이 투영되어 형성된 것이라는 것을 알아차렸을 때, 그들은 이미 어린이기를 지나고 청소년기를 거쳐 성인이 되었을 때다. 인정과 소속감을 중시하는 어린이들은 곧바로 어른들의 칭찬과 또래 집단에 안정감 있게 소속되기 위해 순응적 태도를 취하는 방식으로 '자기의 사회화'를 준비하는 것이다. 그리고 그렇게 아이들을 이끌어 내는 것이 의식적이고도 무의식적으로 존재하는 현대 한국 사회의 젠더 인식이 아니었을까.

　유중림이 농가의 일상백과를 보완하는 책을 저술하면서, 어린이 교육에 관한 '유용한 지침'을 적게 된 데는 조선의 서민들에게 보탬이 될 수 있는 실용 지식을 제공하자는 공적인 동기가 작동하고 있었다. 따라서 그가 제안한 어린이 교육은 분명 당시에 유용한 지침이었음에는 분명하다. 그러나 먼 세월 뒤에 그 시대를 성찰하는 순간, 세월이 마련해 준 '비판적 거리'를 통해 당시의 문화를 볼 수 있게 된다.

 엄밀한 의미에서 고전이란 단지 '본받고 따라야 할 전통'이라기보다는 '현대성'을 재사유하고 반성하게 할 수 있는 온전한 '거울'의 역할을 할 때가 아닐까.『증보산림경제』에 수록된 어린이 교육의 젠더 차이를 통해 현대의 어린이 문화와 어린이 교육에 대한 어른의 태도를 특히 젠더적 관점에서 재성찰하고자 한 것은 이러한 이유에서다.

4장

동심의 영원성, 나이 들기의 즐거움

·
·
·

발견에서 확장으로, 신생하는 삶을 연습하기

동안 열풍이 불고 있지만, 동심 열풍에 대해서는 들어본 바가 없다. 동안이란 실제 나이보다 젊어 보이는 외모를 말하는 것인데, 대체로 여성들 사이에서 선호되고 유행하고 있다. '여자는 젊을수록 좋다'거나 '젊은 여자가 좋다'는 관점을 반영하는 것이기에 다분히 남성적인 시각이 투영된 것이라 할 수 있고, 또는 남성이 바라는 여성성의 이미지가 반영된 문화라 할 수 있다. 여성의 사회적 진출이 많아진 시대에도, 여전히 여성을 대하는 시선이 사회적 존재로서가 아니라 남성에게 매력적으로 어필하는 존재로 한정된다는 점에서, 동안 열풍이 지닌 의미는 심상치 않다. 대체로 매스컴이나 광고를 통해 유행하는 동안 열풍이 각종 화장품, 피부미용 산업과 연결되고 있다는 점도 여성 신체의 상품화 경향을 고려하지 않을 수 없게 한다.

그에 반해 동심을 둘러싼 담론은 상대적으로 미미한 편이다. 동안이나 동심은 모두 '나이 들기'의 문제와 연동되어 있다. 사람이 나이를 먹는다는 것은 대체로 신체적 노화를 의미하고, 그에 대한 가시적 확인은 분명할뿐더러 의학적 정의도 확고하다. 그것은 쇠약, 질병, 죽음의 이미지와 연결된다. 따라서 노화에 반대되는 동안이 선호되는 것은 어쩌면 당연하다.

그런데 사람의 신체가 나이 듦에 따라 변화하는 것처럼, 사람의 마음도 나이를 먹는 것일까? 동심이란 한 사람이 어린 시절이라는 특정

시기에만 가질 수 있는, 또는 갖게 되는 마음의 상태일까, 아니면 나이 든 후에도 여전히 가질 수 있는 마음의 상태인가? 동안이 좋은 것처럼 동심도 좋은 것일까? 동안이 좋다고 말하는 이는 누구이며, 동심에 대해서 말하는 이는 또 누구이고, 왜 그렇게 말하는 것인가?

이 장에서는 몸과 마음의 나이 들기에 관해 생각해 보려고 한다. 이를 위해 조선 후기 지식인 사이에서 유행하던 청대 지식인 이지의 「동심설」을 읽어 보고, 동심을 지켜야 한다고 주장했던 이지의 논리와 이에 공감했던 조선 지식인의 인간관을 조명해 보고자 했다. 이를 통해 동심과 철없음의 차이, 동심의 유효 기간, 그것이 인간다움과 같은 의미로 쓰였던 역사사회적 맥락을 논의해 보았다.

이어서 조선시대의 새해맞이 풍속과 놀이를 소개함으로써, 나이 들기의 즐거움을 어린이의 특권으로 상정했던 조선시대의 문화를 살펴보고, 이를 통해 현대인들에게 '나이 들기'를 일종의 적극적인 자기 창조의 여정으로서 제안해 보고자 했다. 이 두 과정에서, '어떻게 나이들 것인가'를 생각해 보고, 어린이에서 어른이 되는 과정에 대한 자기 책임과 성찰의 기회를 가져 보았으면 한다.

이지(李贄) 1527년에 태어나 1602년에 세상을 떠났다. 중국 명나라의 사상가이자 문인이다. 호는 탁오(卓吾)이다. 주자학과 양명학, 노장사상과 선종, 제자백가와 기독교, 이슬람교 등 다양한 학문 세계를 접했다. 중년 이후에는 양명학과 불교에 심취했다. 당시의 도학자들이 겉으로는 금욕을 주장하면서 부귀영화를 추구한다고 비판했고, 공자의 사상을 가치판단의 절대적 기준으로 삼는 태도를 문제 삼았다. 인간의 욕망을 긍정하는 사상을 펼쳤다. 그는 혹세무민한다는 명목으로 감옥에 갇혔다가 76세에 스스로 목숨을 끊었다. 『분서』와 『장서』 등 그의 주요 저작은 모두 당시의 금서였지만 널리 읽혔고, 조선에까지 알려질 정도로 유명했다.

동심의 유효 기간,
휴머니티의 경계

_이지 「**동심설**」

마음의 경계, 마음의 나이 들기

마음도 나이를 먹는가? 신체는 사람이 나이 들어가는 모습을 가장 확연하게 보여주기에, 나이 든 흔적을 지우거나 늦추고, 또는 숨기려는 '동안' 열풍이 활기를 띠고 있다. 신체, 즉 겉으로 바로 드러나는 자기 모습을 '보여주고 싶은 모습'으로 조작하여 드러내는 것을 '자기 관리'로 용인하는 문화가 생성된 것이다. 이러한 현상은 컴퓨터, 디지털 카메라, 스마트폰 등 다종다기한 디지털 미디어의 일상적 활용으로 비주얼의 세계가 전면화되며 나타난 일종의 자기 홍보 효과라 할 수 있다. 현대인은 타인에게 전송되는 자신의 모습이 어떤 의미에서든 행복하고 유쾌하며 능력 있어 보여야 한다고 욕망하며, 이것이 더 젊고, 더 활기차게, 더 행복하고, 더 '잘 나가 보이는' 모습으로 자기를 '관리'하여 타인에게 '전달'해야 한다는 문화적 강박증으로 나타난 것이다. 사진을 찍을 때 반드시 '웃는 표정'을 강요하게 되는 것은 행복한 자신을 기록하고 전달하려는 근대적 욕망의 소산이기도 하다.

따라서 자연스럽게 나이 들어가는 모습을 격려하기보다 실제 나이보다 젊어 보이는 것을 가치 있게 여기는 문화가 조장되고 있다. 또한 현재의 자기감정에 충실하고 이에 대해 상대방의 공감을 구하기보다는, 즐겁고 행복한 이미지로 타인과 유쾌하게 접속하려는 태도가 만연해 있다. 우울한 감정을 숨기거나 치료해야 할 대상으로 여기고 슬픔을 패배자의 정서로 여겨 혼자만의 사생활로 감춘다. 누구도 타인의 어두운 마음에 노크하지 않으며, 어떤 경우에는 자기 자신조차 내면의 검은 마음에 문을 닫아걸고 그 안을 들여다보려 하지 않는다.

바로 그런 이유로 소통하지 못한 마음은 때때로 안에서 질식하거나 부패하여 폭발적으로 발산된다. 종종 신문의 사회면에서 대면하는 우울하고 난폭한 사건들은 현대 사회의 병리적 측면을 '타인의 일'로 경험하게 하지만, 이런 사건들은 사실은 우리의 일상에서 언제든 발생할 수 있는 잠재된 사건이라는 점을 자각할 필요가 있다.

살다보면 알게 되는 것들이지만, 엄밀히 말해 '남의 일'이란 이 세상에 존재하지 않는다. 모든 것은 연결되어 있고, 그중 사람이야말로 가장 크고 결정적인 '환경'이다. 예컨대, 물난리나 화재 등의 '재난'이

서직수(徐直修, 1735~?)는 조선 후기 문인으로, 진사시에 합격했지만 평생을 서화에 전념한 인물이다. 이 초상화는 서직수의 62세때 모습을 김홍도와 이명기가 함께 그린 것으로, 얼굴은 이명기가, 몸은 김홍도가 그렸다. 표정과 자세가 문인 화가의 단정하면서도 풍격 있는 모습을 잘 대변해 주는 듯하다.

이명기·김홍도, 「서직수 초상」, 조선, 국립중앙박물관 환경적으로 중요하지만, 사람과 사람 사이의 관계에서 오는 '재난'이 주는 피해 또한 막대하다. 반대로, 먹을 것과 잠잘 곳을 제공해 주고 아름다움과 치유를 주는 자연도 인간에게 중요한 환경이지만, 사람이라는 환경이 사람에게 주는 치유와 보호, 사랑의 의미도 그에 못지않게 크다. 지구 환경이 악화되어 온실 효과가 발생하면 전 지구적으로 환경의 위기가 발생하는 것처럼, 인간관계가 위태로울 때는 당사자뿐 아니라 가족과 친구, 동료, 그가 속한 사회 집단 전체가 위기를 경험하기도 한다.

사람에게 가장 큰 환경은 주변의 사람이라는 생각이 예나 지금이나 변함이 없다. 따라서 환경 보호나 환경 관리를 단지 자연물에 대해서가 아니라, 사람과 사람의 만남과 관계 맺기의 차원에서도 생각하고 공부할 필요가 있다. 사람 사이의 관계가 갖는 오묘함은 자연의 오묘함만큼이나 지대하고 현묘하며, 사람의 삶에 영향을 미치는 가장 큰 요인이라고 생각한다. '환경으로서의 인간'이라는 개념은 매력적이지만 동시에 공포스럽고, 따뜻하지만 일면 차갑고 냉정한 것이기도 하다. 공포와 매력은 모두 무지로부터 비롯된 것인 동시에, 경험을 통해 얻은 앎의 확인에서 오는 것이기도 하다. 사람에 대한 공부가 필요한 이유이다.[16]

---

16 사람에 대한 공부는 언제나 필요하지만, 학교에서 교과서로 가르쳐 주지 않기 때문에, 삶의 현장에서 직접 배우고 문학과 독서를 통해서 스스로 터득해야 한다. 최근에

환경으로서의 사람이 매우 중요함에도 불구하고 현대인들은 서로에게 마음을 닫고 있다. 감춰진 마음에 문을 열고 환기하는 가장 좋은 방법은 공감과 소통일 것이다. 그러나 '보이는 모습'에 절대적 가치를 두고 우월한 지위를 부여하는 한, 진정한 자기 모습을 드러내기는 어려워지고, 타인과 진정성을 소통할 길도 멀어진다. 외면의 가치가 절대 우위를 차지하게 되면서, 내면의 세계에 대해서는 어떤 대화를 나누어야 하고 어떤 이야깃거리를 만들어야 하는지 자체를 망각하게 된 것도, 사회적 병리 현상의 하나일 것이다.

다시 마음의 나이 들기에 대해 생각해 보자. 과연 세월이 흐름에 따라 마음도 나이를 먹는 것일까? 그렇다면 마음의 나이 먹기도 신체와 마찬가지로 '노화'로 이름 붙여야 하는 것일까? 성장과 성숙, 노화의 경계는 무엇일까?

동심과 철없음에 관하여

어린이의 마음이라는 뜻을 가진 '동심'은 마음에도 나이가 있다는 것을 드러내는 단어 가운데 하나다. 그러나 동심이 있는 반면 '노심'

유행하는 대중적 심리학은 바로 이러한 욕구에 반응하고 있지만, 필자가 정작 알고 싶은 것은 인간관계의 요령이나 기술, 내 마음대로 타인을 움직이기와 같은 정치술이 아니라, 관계의 가장 깊고 이상적인 모습, 사례, 방법에 관한 것들이다. 앞으로 이에 관해 더 많이 공부해서 함께 나누고 싶은 생각을 가지고 있다.

이라는 단어는 없다. 대신 '노파심(老婆心)'이라는 단어가 있다. 필요 이상으로 남의 일을 걱정하고 염려하는 마음을 의미하는데, 나이가 들면서 걱정이 많아지는 면을 지적한다는 점에서는 노화의 일면을 반영한다. 그러나 어휘적 차원에서 신체의 나이 듦처럼 마음의 나이 듦을 표현하는 예를 찾기란 쉽지 않다. 실제로 마음의 노화 작용에 대한 일반화된 연구가 발표된 바가 없기 때문에, 마음도 과연 나이가 드는가, 또는 마음은 노화하는가, 아니면 진화하는가에 관한 상식 수준의 데이터를 구하는 일은 쉽지 않다.

나이 드신 어른들은 '마음은 청춘'이라거나 '마음은 스무 살'이라는 말씀을 곧잘 하신다. 시간이 흘러 나이가 들었고 신체적으로도 노화가 진행되었으며 실제로 인생 경험도 많이 했지만, 마음은 언제나 흔들리고 여리며 민감하다는 뜻이다. 동시에 이러한 표현에는 '마음이 젊다'고 확인하며 인생의 활기나 생기를 북돋우려는 욕망이 작용하고 있음을 보여준다. 한편 나이가 들면서 마음이 둔해졌다거나 무감해졌다는 이야기도 존재하고 있다. 말하자면 나이 들기와 마음의 작용에 대한 양가적 반응이 공존한다는 뜻이다. 마음도 과연 나이를 드는가에 대해 답변하는 일이 쉽지 않은 이유다.

마음도 나이가 든다면 과연 그것은 점진적인 변모에 가까울까, 아니면 질적 변화를 보이는 화학 변화에 가까울까? 아니면 마치 사과가 익듯이 점점 더 부풀고 생기 있는 정점을 향해 성숙하는 형태일까.

그것도 아니면 광물질 속의 다이아몬드처럼 점점 더 단단하고 투명해지는 정화 과정을 겪는 것일까. 이러한 질문은 현재까지 이를 증명할 만한 자기 관찰의 데이터가 현저하게 부족하다는 것을 환기한다. 타인에게 '관찰 당하기'에 앞서 자기 관찰과 성찰이 필요한 영역이야말로 자기 자신의 마음이라는 것을 인지할 필요가 있다.

다시 동심으로 돌아가 보자. 어린이의 마음이라는 뜻의 동심은 오늘날 매우 일관된 문화적 함의를 가진다. 그것은 천진성과 순진성, 다시 말해 때 묻지 않은 순수성을 보존한 마음을 의미한다. 그리고 이러한 동심은 사회생활을 하다 보면 점점 사라지거나 오염되고, 그래서 줄어든다는 발상이 일반화되어 있다. 주체의 문제가 아니라 사회 탓이라는 관점이다. 도대체 동심만 가지고는 살 수 없는 것이 바로 이 험하고 고된 사회 현실이라는 것이다. 이런 발언은 동심을 상실해 가는 어른들의 정당한 자기변명으로 자리 잡았다. 여기에는 일면 동심에 함축된 순수와 천진, 순진성을 상실한 어른들이 어떻게 하든 이를 변명해 보려는 마음을 담고 있다는 점에서, 애처로움마저 깃들어 있다.

그런가 하면 어른이 되었는데도 아직 어린애 같은 태도를 보이거나 순진한 면모를 보이면 철이 없다며 어린애 취급을 하기도 한다. '철이 없다'는 것은 동심을 지녔다는 말의 동의어가 아니다. 오히려 철없다는 발언에는 그(녀)가 어른으로서 마땅히 갖추어야 할 사회적 책임감이나 성숙한 면모를 갖지 못했다는 점을 비난하려는 의도가 포함되

또 다른 선비의 초상을 본다. 조선 후기의 학자인 이채(李采, 1745~1820)의 초상이다. 정면을 응시하는 얼굴과 정갈한 의복에서 노인의 품위와 선비 정신이 우러나온다.

「이채 초상」, 조선, 국립중앙박물관

어 있다. 순수와 천진을 갖춘 '동심'은 사회적 책임감에 대한 면죄부를 받게 되지만, 일단 '어른'이 되면 사회적 책임감이 필수적으로 요청된다는 뜻이기도 하다.

조선시대 선비들의 동심에 대한 생각

그렇다면, 조선시대 선비들은 동심에 대해 어떠한 생각을 하고 있었을까?

- 검버섯 피고 등 굽어도 마음은 동심이기에   凍梨痀背尙童心
  단번에 비로봉 정상이라도 오를 것 같은데   一蹴毗盧頂上臨
  쇠약하다며 아이들이 말리니   劣弱苦遭兒輩制
  효도라지만 효도가 아니어서 증삼 생각이 나네.   孝乎非孝憶曾參

  정약용, 『다산시문집』 6권, 「밤에 누워서 무료하기에 장난삼아 시 열 수를 지어 우울한 마음을 풀어 본다夜臥無聊盧爲十絕以抒幽鬱」

- 네가 나에게 와서 배운 지가 거의 3년이 되었으니, 너의 뜻은 매우 근면하였다. 그러나 내가 오랜 고질병으로 힘이 소진되어, 나 자신을 돌보기에도 힘에 부치다 보니, 너의 모범이 되지 못했고, 엄하게 가르치지도 못했구나. 그 때문에 네 말이나 행동, 학업이나 태도가 여전히 다른 사람들의 마음을 위로하거나 남들을 놀라게 할 만한

백자도 또는 백동자도는 어린이들이 건강하게 뛰노는 모습을 그린 그림이다. 놀이와 물건이 상징하는 바를 통해 자녀의 성공과 입신출세를 바라는 마음을 담기도 했다.

「백자도」 중, 조선 19세기 후반, 국립민속박물관

점이 없게 되었구나. 이 어찌 네 부모님이 너와 함께 지내고 싶은 애틋한 심정을 억누르면서까지 천리 바깥의 나에게 너를 보내신 뜻이겠느냐. 이것은 모두 스승인 내가 변변치 못해, 잘 가르치지 못한 죄니, 내 무슨 말을 할 수 있겠느냐.

　네 자질은 무언가를 잘할 수 없는 사람이 아니다. 그러나 동심(童心)을 버리지 못하고 못된 버릇이 고질이 되어서, 어른 앞에서는 말이나 행동을 조금 삼가는 척하다가도 문을 나가면 이내 딴 사람이 된다. 부지런히 독서를 하지 않은 것은 물론이고, 행동도 단아하지 못하다. 실없이 말하고 방자하고 경망스럽게 행동하여 동료들에게 천시를 받으면서도, 이래서는 안 되겠다는 각오로 마음을 고쳐먹고 분발할 줄을 모르니, 이 어찌 나 혼자만의 죄이겠느냐.

송준길(宋浚吉),「동춘당집同春堂集」,「이씨의 아들 덕휘에게書示李氏子 德輝. 戊寅」

　조선시대 선비들도 동심에 대해 현대인과 비슷한 생각을 하고 있었음이 드러나 있다. 정약용은 시에서 자신이 나이가 들어 검버섯이 피고 등이 굽었지만 마음만은 동심이라고 고백했다. 생각 같아서는 비로봉 정상도 단박에 오를 것 같은데, 효심 깊은 아이들이 연로하신 아버지를 위해 만류하니, 비록 효심에서 우러난 처사이지만 기쁘지 않다는 것이다. 증삼(增參, BC506~BC436)은 중국 전국시대 사상가인 증자를 말한다. 증자는 부모님의 마음을 잘 헤아리고 뜻을 받들어 효도한 것으로 유명하다. 정약용은 아이들이 증자처럼 부모의 마음을 잘 헤아려 주면 좋으련만, 자신을 노인 취급하며 매사를 제약하니 서운하다고 했다. 정약용은 바로 이 시에서 '마음은 늙지 않았음'을 신체의 노화와 대조시켰다. 동시에 타인의 시선으로는 신체의 노화만 헤아려지고, 마음이 동심인 것은 헤아려지지 않은 데 대한 섭섭함을 토로했다.

반면, 송준길(1606~1672)의 글은 동심을 버려야 할 대상으로 간주했다. 그 의미를 오늘날의 철없음과 같은 맥락에서 쓰고 있는 것이다. 이 글에 따르면 송준길은 이덕휘라는 아이의 스승이다. 이덕휘의 아버지는 귀한 아들을 천 리나 떨어진 송준길에게 보내 교육시키려고 했다. 그러나 막상 스승은 아이의 처신이 마음에 들지 않았다. 덕휘는 친구들 사이에서도 평판이 좋지 않았다. 송준길은 아이를 타이르려고, 앞으로는 마음을 고쳐먹고 분발하라는 충고를 적어 전해 주었다.

여기서 송준길이 아이를 꾸짖는 내용 중의 하나가 '동심을 버리지 못하고 못된 버릇을 고치지 못한다'는 점이었다. 이때 사용된 '동심'이란 단어에는 교육을 통해 고쳐야 할 마음의 습관이라는 의미가 담겨 있다. 다시 말해 동심이란 떼를 쓰거나 어리광을 부리는 태도와 같은 맥락에서 사용된 것이었다. 따라서 동심을 빨리 버리는 것이야말로 좋은 선비가 되는 길이라고 충고했던 것이다.

오늘날에는 동심이야말로 천진하고 순수한 마음으로 신화화되는 면이 있다. 따라서 어린 시절의 '어떤 마음'을 간직해야 하는 것인지, 또 어린 시절에 가졌던 '어떤 마음'은 고치고 버려야 하는 것인지에 대해 생각해 볼 필요가 있다. 동시에 과연 어른이 되면 어린이의 마음은 사라지는 것일까, 그리고 동심을 그대로 간직할 수 있다면 어른의 세계는 어떻게 변할 것인가를 생각해 볼 필요가 있다. 선택과 판단에 따라 동심에 대한 유예 기간, 또는 보존 기간이 달라질 수 있고, 그러한 태도야말로 신체의 노화와는 다른 마음의 생리학에 대한 현대적 재규정을 가능하게 하기 때문이다.

이지의 「동심설」

이지는 명나라 사상가로 호는 탁오이다. 「동심설童心說」은 그의 저서 『분서焚書』에 실려 있다. 그가 자신의 책을 '분서' 즉 '태워버려야 할 책' 또는 '태워질 책'으로 붙인 이유는 그 스스로 자기 글의 '불온한' 성향을 파악하고 있었기 때문이다. 『분서』와 더불어 그가 쓴 책 중의 하나는 『장서藏書』인데, 이는 '숨겨둔 책'이라는 뜻이다. 다시 말하면 당대에는 자기 글을 알아줄 사람이 없을 터이니, 깊은 산속에 숨겨서 후세에 알아줄 이를 기다리겠다는 뜻이다. 울분과 저항의 의미가 두 권의 책 속에 담겨 있는 바, 실제로 두 저서는 명대에 금서로

명나라의 사상가 이지   출처 위키피디아

간주되었던 역사를 지니고 있다. 물론 금서야말로 희대의 베스트셀러라는 역설적인 의미에 걸맞게, 그의 글은 명나라에서는 물론 조선시대 문인들 사이에서도 비밀리에, 널리 읽혔다.

  이지는 특히 만년에 당시 명대의 도학을 비판했기 때문에 이단으로 간주되었으며, 결국 탄핵을 받아 옥중에서 자살하는 것으로 생애를 마감했다. 그는 당시 유교가 형식주의적으로 흘러가는 것을 비판했고 공자가 제시한 기준을 절대적인 것으로 간주하는 입장에 반대했다. 당시의 도학자들이 겉으로는 도를 말하면서 실생활에서는 사치와 허례허식에 빠진, 이중성을 통렬하게 비판하기도 했다. 이지는 자신이 세상을 용납할 수 없는 것처럼, 세상도 자신을 받아들이지 않을 것이며, 자신의 분신과도 같은 글을 인정하지 않으리라는 것을 알고 있었다. 그렇기 때문에 자신의 대표적인 저서들에 『장서』와 『분서』라는 역설적인 제목을 붙였던 것이다.

이지는 명목과 실제가 다른 학자와 관리들의 이중성을 통렬히 비판했지만, 대안 없는 비판가는 아니었다. 그는 문제적인 세상을 회복시킬 유력한 방법이 바로 '동심의 회복'에 있다고 보았다. 이러한 생각을 드러낸 것이 바로 「동심설」이다.

- 대저 동심이란 진실한 마음이다. 만약 동심으로 돌아갈 수 없다면, 이는 진실한 마음을 가질 수 없다는 말이 된다. 무릇 동심이란 거짓을 끊어 버린 순진함이다. 사람이 태어나서 가장 처음 갖게 되는 본심인 것이다. 동심을 잃게 되면 진심이 없어지게 되고, 진심이 없어지면 진실한 인간성도 잃어버리게 된다. 사람이 진실하지 않으면 최초의 본마음을 다시는 회복할 수 없는 것이다.
- 어린아이는 사람의 처음 모습이요, 동심은 마음의 처음 모습이다. 대저 최초의 마음이 어찌하여 없어질 수 있는 것이랴! 그러나 동심은 왜 느닷없이 사라지고 마는 것일까? 그 시초는 듣고 보는 것이 귀와 눈으로부터 들어와 그 사람의 내면을 사로잡게 돼, 동

심이 사라지는 데서 발단한다. 사람이 자라면서 견문을 통해 도리를 알게 되어 그것으로 세상을 이해하게 되면 어느덧 동심도 사라지고 만다. 시간이 흘러감에 따라 도리와 견문이 나날이 쌓이고, 아는 바와 느끼는 바가 나날이 넓어지게 되면, 또 미명(美名)이 좋은 줄 알고 이름을 드날리려고 애쓰게 되면 동심을 잃어버리게 된다. 또 좋지 못한 평판이 추한 줄을 알게 되어서 그것을 가리려고 애를 쓰다 보면 동심을 잃게 된다. 『분서』, 「동심설」

이지의 동심설은 단순하고도 명쾌하다. 사람이 날 때부터 가졌던 '본마음'이 곧 '동심'이며, 그것은 거짓 없는 진실한 마음이므로, 진실한 인간성과 통한다는 것이다. 그런데 사람이 살아가면서 견문으로 눈을 흐리고, 명예와 욕망에 사로잡히면, 본마음을 잃고 동심을 저버리게 된다는 것이다. 살아가면서 자신의 잘못을 감추고 평판으로부터 자신을 보호하려다가 동심을 잃게 된다는 말에는 세상과 자신을 관찰의 시선으로 바라본 이지의 비평적 안목이 드러나 있다. 이지는 동심을 지키는 것은 지식과는 무관하다고 보았다. 지식이 많다고, 공부를 많이 했다고 해서 순수하고 진실한 사람은 아니라는 발언에는, 당시 명대 지식인의 위선과 이중성을 바라보는 이지의 비판적 시선이 함축되어 있다.

동심을 키우고 보존하기

이지는 동심을 지켜야 할 가치로 보았다. 신체의 노화와는 별도의 문제로 마음은 늙지 않아야 하고, 또 늙어서는 안 되며 실제로 늙지 않는다는 신념을 보여준 것이다. 여기서 '늙는다'는 의미는 본래 상태의 훼손을 의미한다는 점에서 노화에 대한 부정적 정의를 함축하고 있다.

이지가 동심의 보존을 강조한 이유는 동심의 속성인 천진함, 순수성이야말로 인간의 진정성을 보장하는 인문성의 자질이라고 보았기 때문이다. 따라서 이지가 언급한 동심은 타인에 대한 배려 없음이나 방종, 무례함을 함축하는 철없음과는 확연한 의미론적 차이를 지닌다. 그는 동심을 지키려면 타인으로부터의 평판, 욕망, 허위의식으로부터 자신을 지킬 필요가 있다고 보았다. 지식이나 신분이 동심을 보장해 주지 않으며, 오직 '진실한 인간'으로 살겠다는 의지만이 동심을 지켜줄 수 있다고 보았다.

마음도 나이가 드는가? 또는 마음도 노화하는가?

영원한 '어린이 마음'인 동심이 천진함, 순진함, 진실성을 의미한다면, 동심은 결코 어린이 세대로 제한될 수도 없고, 제한되어서도 안 되는 '인문성'이라는 것을 환기할 필요가 있다. 신체의 노화가 두려워 나이 들기를 은폐하면서 시간과 정열, 돈과 정성을 쏟기보다는, 신체의 자연스러운 나이 들기를 관찰하고 스스로 보호하면서, 동시에 마음의 퇴화도 돌아볼 필요가 있지 않을까. 젊어 보이는 외모가 주는 즐거움과 유리함 못지 않게 젊은 마음과 태도, 동심의 수명에 대해서도 생각해 볼 필요가 있는 것은 아닐까.

사회생활에 지친 인간이 기댈 곳은 맨 처음 자신이 가지고 태어났던 천진하고 순수한, 그래서 진실한 마음 그 자체이다. 그 마음의 힘을 경험한 사람은 그 힘을 필요로 하는 누군가를 위해 기꺼이 그 마음을 나눠 주기 마련이다. 마음은 나누고 나눌수록 늘어난다는 점에서 질량 보존의 법칙을 초과하는 마음의 생리학을 가지고 있다는 점도 새롭게 주목할 필요가 있다.

인간성 상실의 시대에, '잘 나이 들기'에 생각을 집중하기보다는 동안 신드롬에 빠져 자기 관리라는 이름으로 자기 은폐나 억압에 길들여진 현대인들에게 동심의 의미와 힘에 관해 생각해 보자고 제안하는 것은 이러한 소이에서다.

유득공(柳得恭) 1749년 태어나서 1807년 세상을 떠났다. 호는 영재(泠齋) 또는 영암(泠菴)이다. 정조 때 학자이자 시인이다. 서얼 신분으로 시에 탁월한 재능이 있어 당시에 박제가·이덕무·이서구와 더불어 한시사가로 알려졌다. 스무 살 무렵부터 북학파와 교유했다. 정조 때 규장각 검서관이었다. 역사 저술인 『발해고』를 남겼다.

김매순(金邁淳) 1776년 태어나 1840년 세상을 떠났다. 호는 대산(臺山)으로 조선 후기 문신이자 학자다. 정조 대에 초계문신을 지냈다. 당대의 문장가로 유명하여 여한십대가의 한 사람으로 꼽혔다. 문집으로 『대산집』이 있으며 『열양세시기』를 남겼다.

설날의 어린이,
즐거운 나이 들기

_유득공『**경도잡지**』, 김매순『**열양세시기**』

나이 들기, 저항에서 창조로

언젠가부터 한국 사회에서 나이 들기의 문제는 어쩐지 대하기 불편하다거나 울적한 일이 되어 버렸다. 이런 분위기는 나이 들기를 부정적으로 보고 저항하려는 차원에서 조명하는 안티에이징 담론의 영향이 크다. 대개의 안티에이징 담론은 나이보다 '젊어 보이기'라는 외모지상주의를 반영하기 마련이어서, 피부 미용이나 성형과 같은 조작적 행위를 '관리'라는 단어로 미화하고 홍보하는 경향 속에서 견고해졌다. 이러한 담론은 주로 여성을 대상으로 삼고 있기 때문에 젠더적 시각에서 비판적으로 살펴볼 문제이기도 하다.

그럼에도 불구하고 안티에이징 담론은 상품 구매를 통해 자기화해야 할 대상으로 논의될 뿐, 여성을 바라보는 사회적 시선의 문제점이라는 차원에서 논의되는 경우가 드물다. 나이 들기는 피하고 늦추어야 할 외모의 문제라기보다는 적극적으로 만들고 창조해야 할 삶의 문제라는 것을, 안티에이징이라는 표제를 접하는 동안 망각하는 것이다.

물론 나이보다 젊어 보여서 얻을 수 있는 혜택 자체를 묵과하려는 것은 아니다. 그러나 '왜 젊음을 특권화하는가'라는 문제를 들여다보면, 여기에는 모종의 '생산성'(노동 생산성은 물론 인구 생산성을 포함한다)이라는 신자유주의적 가치 기준이 작동하고 있음을 발견하게 된다. 특히 고령화 사회로 진입하는 현대 사회에 나이 들기의 문제는 단순히 외모 관리나 건강 관리라는 안티에이징의 차원만으로는 해결할 수 없는 다기한 지점들을 제기한다.

어떤 면에서는 나이 들기를 적극적으로 수용하면서 그 내용과 방향성을 사유하고 대화하는 것으로 시선과 태도를 전환할 필요가 있다. 간단하게는 행복감을 증진하기 위해, 그리고 그러한 심리를 삶의 태도에 반영하는 차원에서라도, 저항과 창조가 생산하는 효과가 상당하리라는 것을 짐작할 수 있다. 나이 들기는 수동적 대응과 저항의 문제가 아니라 능동적인 창조와 구성의 문제로 접근할 때, 비로소 주체의 문제로 환원될 수 있다.

어린이기, 나이 들기의 즐거움

유년기를 되돌아보면 나이를 한 살 먹는 일은 축하하고 축하받을 만한 즐거운 일이었다. 어린이에게 설날은 그야말로 축제와 다름없었다. 새로 한 설빔을 곱게 차려 입고 어른들 앞에 세배를 하고서 세뱃돈을 받는 즐거움과 더불어 설날은 친척들이 함께 모여 맛있는 음식을 먹고, 온갖 관심과 사랑을 확인하는, 인정 교환의 잔치였다. 더구나 온가족이 함께 모이는 기회이니, 어린이들에게는 나이가 엇비슷한 친척 형제들을 만날 수 있는 즐겁고 기대되는 놀이의 장이 되었다. 어린 친척들은 동네 친구나 유치원, 학교, 학원 친구들과는 다른 종류의 친밀감과 낯섦을 동시에 느끼게 해 주었고, 각자의 지역성이나 문화를 접하게 되는 즐거움도 주었다. 그런 즐거운 만남에 음식을 장만하고 성묘를 가는 어른들의 수고가 뒷받침되었다는 것을 알아차릴 즈음엔, 모두가 이미 어린이기를 서서히 넘어가고 있는 것이다.

세월이 흐른 오늘날에도 설날에 떡국을 한 그릇 먹고 나이를 먹는 일은 어린이에게 즐거운 경험이자 축하받을 만한 일로 남아 있다. 어린이들이 한 살 한 살 나이 먹는 일이 즐거운 이유는, 더 좋은 날이 그 앞에 있다는 희망과 기대 때문일 것이다. 어린이가 나이를 먹는 일은 퇴화와 동일시되는 노화가 아니라, 더 많은 가능성과 연결되어 있는 성장의 징후이자 그 결과로 간주된다. 그러나 과연 성장이란 어린이기만의 특권일까? 신체적 성장을 멈추고, 도리어 퇴화해 가는 성인들은 모든 성장의 길로부터 차단당한 채 노화일로(老化一路)를 걸어갈 수밖에 없는 것일까?

  이 질문이 이미 답변이 예정된 문제 제기라는 것을 어렵지 않게 짐작할 것이다. 신체적 성장이 자연의 섭리라면, 심리적·정신적·사회적·감성적·직관적 성장은 오직 주체의 자각과 의지에서 출발해야 하는 자율성의 문제이기 때문이다. 그런데 그 성장을 촉진하는 것은 사회적 추동력이기 때문에, 나이 들기를 둘러싼 활발한 담론화가 필요하다. 나이 들기에 관한 즐거운 상상을 어린이기를 떠올리며 시작하려는 것은 이 때문이다. 어린이기는 그 자체가 무엇과도 바꿀 수 없는 인생의 한 흐름이며, 현재를 만들어낸 시작점이기 때문이다. 이제, 어린이기를 통해 나이 들기를 스스로 즐거워하고 타인으로부터 축하받았던 경험이 지속되어야 하는 이유에 대해 생각해 보자.

새해를 맞이하는 서울 풍경

  언제나 새로운 한 해의 시작은 제야의 종소리와 함께 시작된다. 한 해의 시작을 알리는 제야의 타종을 직접 들으려고 종각으로 모여드는 일이나, 텔레비전 화면을 통해 소리를 듣고 환호에 공감하는 것은, 현대 사회의 새로운 설날 풍속으로 자리 잡았다. 세계 각지의 통신원과 연계하여 새해를 맞는 한민족을 확인하는 일도 즐겁고 흥분되는 의례로 자리매김되고 있다.[17] 매스컴에서는 자연스럽게 설날 차례나 성묘 스케치를 연이어 방송하고, 가족의 갈등과 화해로 이어지는 특집 드라마, 한복을 입은 연예인들의 오락 프로그램을 함께 보는 일이 현대 사회의 자연스런 설날 풍경의 하나가 되었다.

세월이 한참 흐른 뒤에는 지금까지 상상할 수 없었던 새로운 설날 풍경이 등장할지도 모른다. 세시풍속은 전통적인 의례이기 때문에 변하지 않는 듯하지만, 태와 형을 조금씩 바꾸어 가며 각 시대의 흐름에 맞는 신풍속도를 보여주기 때문이다. 아이들에게 미래의 설날 풍경을 이야기로 만들어 보거나 그림으로 그리게 한다면, 어른들이 상상해 보지 못한 풍부하고도 창의적인 발상을 경험하게 될 것이다. 그리고 그런 상상이 그들의 미래상을 결정할 수도 있음에 놀라게 될 것이다. 어떤 면에서는 기성세대 역시 어려서 상상하던 세계에 실제로 살고 있지 않은가. 그러니 이렇게 단언하는 것도 무리가 아니다.

설날 풍경을 스케치하는 것은 매스미디어가 발달된 현대 사회의 새로운 현상이 아니다. 18세기 후반에서 19세기에 이르는 시기에 조선의 설날 풍속을 기록한 문화 기록지가 남아 있다. 유득공의 『경도잡지京都雜誌』와 김매순의 『열양세시기洌陽歲時記』가 그것이다.

---

[17] 다른 면에서 보자면 이는 혈연주의나 민족주의를 무비판적으로 확장시키는 위험성을 함축하고 있기에 주목을 요한다.

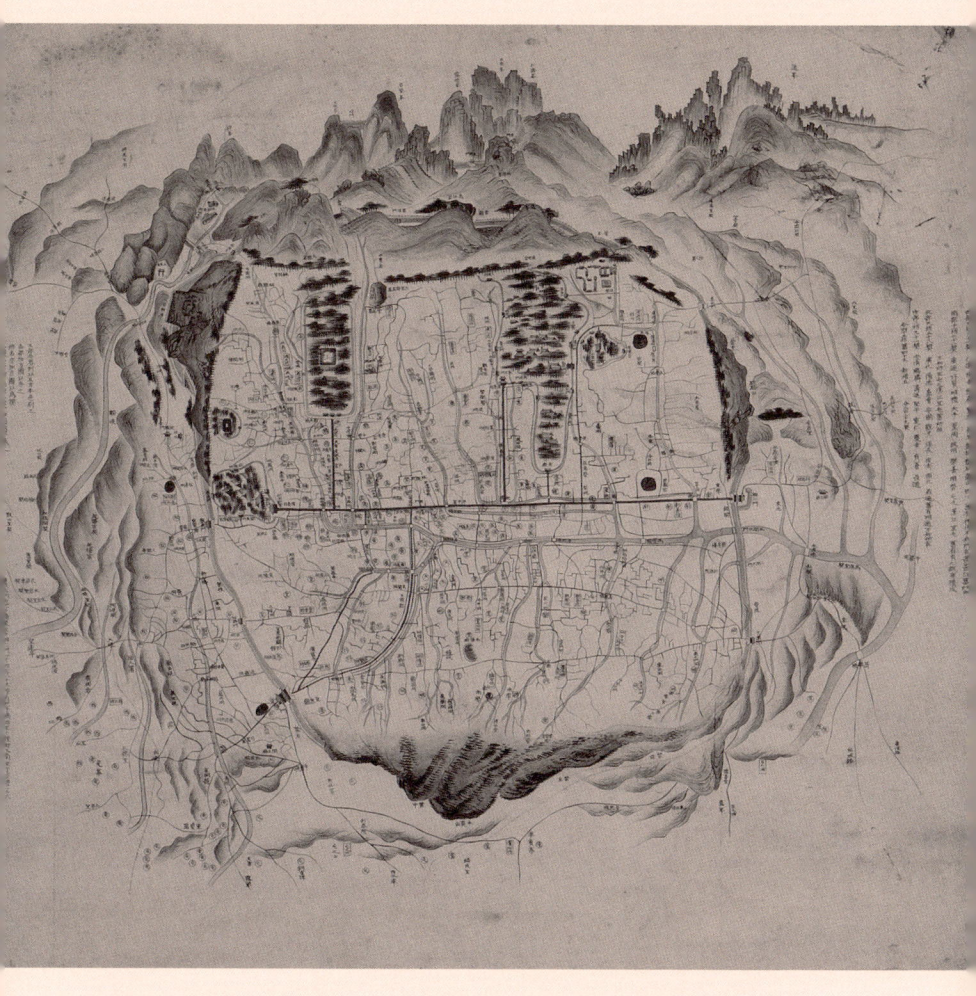

조선의 수도인 한양의 모습을 담았다. 이 도성도는 조선 후기에 그려졌으며, 가운데 흐르는 것은 청계천이다.

「구경성지도」, 조선 18세기 후반, 국립중앙박물관

조선시대 서울의 세시풍속

유득공이 쓴 『경도잡지』는 일종의 문화 풍속지다. 그중에서도 '경도(京都)' 즉 서울을 중심으로 한 세시풍속과 문화를 박물학적으로 스케치하고, 관련 지식과 정보를 망라하여 엮은 것이다. 경험과 관찰을 통한 당대의 현대 문화 스케치였다. 동시에, 방대한 중국 자료를 비교 자원으로 삼음으로써, 조선이라는 지역성과 당대의 '글로벌'에 해당하는 중국이라는 세계를 대비·대조해서 균형점을 찾아보려 하였다. 이 책은 모두 두 권으로 이루어졌는데, 1권은 「풍속風俗」 편으로 당대의 문물제도를 19개의 항목으로 나누어 서술했다. 2권은 「세시歲時」 편인데 달마다 있는 세시풍속의 유래와 풍속 내용을 적었다.

김매순의 『열양세시기』도 비슷한 체재를 취하고 있다. '열양(洌陽)'이란 서울을 뜻하며, '세시기'는 세시에 관한 기록이란 뜻이니, 본질적으로는 '경도잡지'와 의미가 같다. 달마다 있는 서울의 세시풍속을 순서대로 기록했는데, 중국 자료를 참조해서 고찰한 점도 유득공의 저서와 공통된다. 다만 세시풍속의 기원이 중국에 있다고 본 경우는 조선의 풍속이 아니라고 간주하여 생략한 부분이 있다. 조선의 독자적 풍속지를 구성하는 데 초점을 두었음을 보여준다.

내가 강촌에서 긴 여름을 보내면서, 시간을 보낼 거리를 찾지 못하

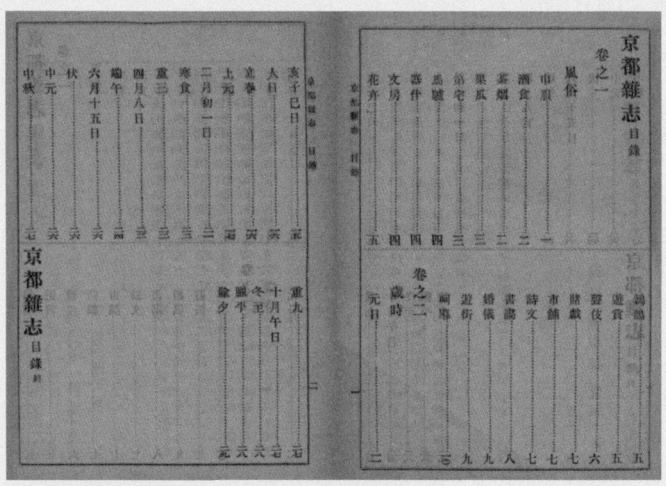

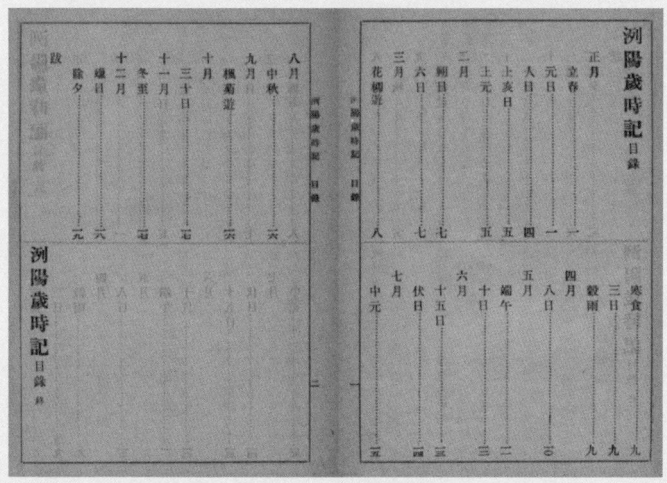

『경도잡지』는 정조 때 유득공이 지은 것으로 추측되며, 『열양세시기』는 순조 때 김매순이 지었다. 1911년 최남선이 『동국세시기』와 『경도잡지』, 『열양세시기』를 합하여 인쇄본으로 펴냈다.

「동국세시기」, 국립중앙박물관

다가 우연히 시강(侍講) 여대림(呂大臨, 1040~1092)이 역양(歷陽)에 있을 때 명절이 되면 공부를 쉬고 둘러앉아 술을 마시며 세시풍속의 일들을 잡다하게 적었던 것을 기억하고, 흔연히 마음에 깨달은 바가 있었다. 이윽고 그 뜻을 따라 우리 풍속 중에 보고 들었던 것을 생각나는 대로 차례로 늘어놓으니 80여 가지나 되었다.

김매순, 『열양세시기』, 「기記」

김매순은 자신의 경험과 기억에 의존해 조선의 풍속지를 구성했음을 밝혔다. 중국 문헌을 참고하여 비교적으로 고찰하면서도 조선의 고유한 풍속에 주목하고자 했다.

『경도잡지』와 『열양세시기』는 모두 서울을 대상으로 한 풍속지인 만큼, 여기에는 남녀노소를 막론한 19세기 서울의 정취가 담겨 있기 마련이다. 그런데 조선시대는 유독 성인 남성, 그것도 사대부 지식인 남성만을 정당한 문화 주체로 간주하던 문화적 관습이 지배하고 있었기 때문에, 이 책에도 그러한 관점이 작동하고 있다. 대체로 남자 어른의 문화에 대한 기술이 상세한 편이다. 이에 비해 세시풍속은 주로 가정을 중심으로 집과 마을, 국가 단위로 형성되었으며, 그중에서도 가정과 관련된 정보가 우세하기 때문에, 사대부 남성 독점의 문화 기술지라기보다는 가정문화사라고 할 정도의 소소한 문화사적 정보가 망라되어 있다. 민간의 풍속을 통해 서민 문화를 살필 수 있는 것도 이 책의 가치 중 하나다. 양적으로 그 비중이 적지만 '어린이 문화'의 단서를 찾을 수 있는 것도 이러한 성격 때문이다.

조선시대 어린이의 설맞이

『경도잡지』와 『열양세시기』에 적힌 설날 풍속 중에서 어린이와 관련된 내용을 찾아보면 다음과 같다.

- 이날은 남녀가 모두 새 옷을 입는데, 이를 세장(歲粧)이라고 한다. 친척 어른들을 찾아가 절하는 것은 세배, 시절음식으로 대접하는 것은 세찬, 그때 쓰는 술은 세주다. 세주는 데우지 않는데, 봄을 맞이하는 의미이다. 부녀자들끼리는 곱게 차린 어린 계집종을 보내 좋은 말로 서로의 안부를 묻는데, 이를 문안비(問安婢: 문안 여쭙는 여종)라고 한다. 관직을 가진 집에서는 대청 위에 옻칠한 상을 비치해 두어, 부리는 아전들이 이름을 적은 종이를 두고 가게 하는데, 이를 세함(歲銜)이라고 한다. (……) 멥쌀로 떡을 쪄서 치고 비벼서 긴 가닥을 만든 다음, 굳기를 기다려 엽전 굵기로 자른다. 이것을 끓이다가 꿩고기와 후추 가루를 넣어 맛을 내면, 세찬으로서 없어서는 안 될 떡국이 된다. 나이 한 살 더 먹는 것을 떡국 몇 그릇 먹었냐고 할 정도다.

  유득공, 『경도잡지』, 「세시: 설날元日」

> - 여항에서는 어린아이 나이를 물을 때, "여태 떡국 몇 그릇 먹었냐."고 묻는다. (……) 남녀노소 모두 새로 만든 의복 한 벌을 입는데, 이것을 설빔(歲庇蔭)이라고 한다. 친척이나 이웃 어른들을 두루 찾아다니며 인사하는 것을 세배라고 한다. 손님이 오면 술과 음식을 차려 내는데, 이것을 세찬이라고 한다. 설날 이후 며칠 동안은 장안의 남녀들이 여유롭게 단장하고 나들이옷을 입고 돌아다니다가 구석진 길일지라도 아는 사람을 만나면 반갑게 웃으며 "새해엔 크게 평안하시오."라고 말하면서 길하고 경사스런 일만 들추어 서로 축하를 나눈다. 예를 들면 "(올해엔) 아들을 보시오.", "벼슬에 나아가시오.", "병환이 없기를.", "돈 많이 버시오." 등의 말로 각기 상대방이 바라는 사항으로 문안하는데, 이것을 덕담이라고 한다.
>
> 김매순, 『열양세시기』, 「정월正月: 설날元日」

설날 풍속을 어린이의 관점에서 본다면, 예쁜 설빔을 입고 떡국을 먹으며 친척과 이웃의 어른들을 찾아뵙고 세배를 드리는 잔칫날에 가깝다. 맛있는 음식도 먹을 수 있을뿐더러, 덕담을 듣고 귀여움을 듬뿍 받으며 존재감을 확인하는 날이기도 하다. 요즘처럼 옷이 흔치 않던 시절에 새로 받은 설빔은 새로운 마음가짐과 태도로 한 해를 시작하게 하는 행복한 선물이었다. 설날은 설빔을 입고 친척과 이웃을 찾아다니며 음식과 덕담을 주고받는 나눔의 시간이기도 했다. 조선시대에도 '돈 많이 버시오'가 덕담이 될 수 있었던 것은 서울 스케치를 단지 사대부 지식인만을 대상으로 삼지 않고 민간까지 대상으로 삼았기 때문이다.

설날부터 며칠을 이어서 나들이를 다니며 인사를 주고받았던 풍속을 통해 직접적인 관계 맺기를 중요하게 여겨온 조선시대의 인정 많은 풍정을 엿볼 수 있다. 18~19세기에도 아이들에게 나이를 물을 때는 "떡국 몇 그릇 먹었냐?"고 했다. 사회가 변해도 여전한 풍속 속에서 일상에 스며 있는 전통의 힘을 간취할 수 있다.

설날의 놀이

설날에 하는 놀이 중에서 어린이가 참여하는 것으로는 널뛰기, 신 감추기, 윷놀이 등이 있다.

- 널뛰기: 여자아이들은 짚을 베개 모양으로 묶어 땅에 놓고 그 위에 널판을 올려놓은 다음 좌우로 균형을 맞추고 두 사람이 마주 보고 서로 엇갈리며 뛰는데, 몸을 높이 올릴수록 잘한다고 한다. 이것을 널뛰기(跳板戲)라고 한다.
- 신 감추기 1: 설날 밤에 민속에서는 이강신(贏羌神)이 인가에 들어와 신을 훔치는데, 이를 당한 사람은 재앙이 있다고 해서, 집

집마다 신을 감춘다. 아이들에게는 일찍 자고 문밖으로 나가지 못하게 훈계한다. 처음에는 어린아이들을 겁주려는 데서 시작된 것 같으나 이제는 익숙한 풍속이 되었다. 김매순, 『열양세시기』, 「정월: 설날」

• 신 감추기 2: 야광이라는 이름의 귀신은 밤에 인가에 들어와 신 훔쳐가기를 좋아한다. 주인은 이를 불길하게 여기고, 아이들은 겁을 먹어 신을 감추고 불을 끄고 일찍 잔다. 마루 벽 위에는 체를 걸어 두는데, 그 이유는 야광이 집에 들어왔다가도 체 구멍을 세다가 다 세지 못하고 닭이 울면 이내 도망간다는 말이 있기 때문이다. 혹 어떤 사람은 야광은 여원 귀신(癯神)이므로 구광(癯光)이라고 하는 것이 옳다고 한다. 여위었다는 구(癯)의 뜻과 야(夜)가 우리말로는 비슷하다는 것이 그 근거다. 그러나 내 생각에는 이것은 잘못된 것으로 야광은 즉 약왕(藥王)의 음이 바뀐 현상일 뿐이고, 약왕의 모습이 아이들이 두려워할 만큼 추해서 아이들을 일찍 재우기 위해 만든 것이다. 유득공, 『경도잡지』, 「세시: 설날」

널뛰기는 여자아이들의 놀이였는데 집집마다 있는 짚을 묶어 널판을 올려놓고 균형을 맞추어 뛰는 놀이였다. 별다른 도구를 구입할 필요 없이, 일상적인 재료로 놀이 문화를 즐겼다. 놀이의 의미나 형식 또한 일상생활에 깊이 뿌리내렸으며 자연친화적이었다.

신 감추기는 신을 훔치는 귀신의 이름에 대해 유득공과 김매순의 기록에 차이가 있으나, 그 내용은 같다. 설날을 맞이하는 기쁨에 흥분된 아이들을 일찍 재우기 위해 귀신이야기를 만들고 놀이화한 어른들의 마음이 재미있다. 놀이에 숨겨진 것은, 동심을 간직한 존재가 어린이가 아니라 어른이라는 것을 보여주기 때문이다.

무엇보다 대표적인 설날 놀이로는 단연코 윷놀이를 꼽을 수 있다. 『경도잡지』에는 붉은 싸리나무로 윷을 만드는 법부터 상세히 소개되었다.

- 윷놀이: 붉은 싸리나무 두 토막을 각각 반으로 쪼개어 네 쪽으로 만든다. 길이는 세 치 가량이다. 혹 콩윷이라고 하여 콩같이 작게 만들기도 한다. 이와 같이 만든 윷을 던져 내기하는 놀이를 윷놀이(柶戱)라고 한다. 윷을 던져서 네 쪽이 다 엎어지면 모(牡), 네 쪽이 다 잦혀지면 윷(牰), 세 쪽이 엎어지고 한 쪽이 잦혀지면 도(徒), 두 쪽이 엎어지고 두 쪽이 잦혀지면 개(介), 한 쪽이 없어지고 세 쪽이 잦혀지면 걸(傑)이라고 한다.
- 윷판에는 29개의 동그라미를 그린다. 두 사람이 마주 앉아서 던지는데 각각 말 네 개씩 쓴다. 도는 한 밭씩 가고, 개는 두 밭, 걸은 세 밭, 윷은 네 밭, 모는 다섯 밭씩 각각 간다. 밭 중에는 돌아가는 길과 질러가는 길이 있어, 말이 빨리 가는지, 늦게 가는지에 따라 내기를 결정한다. 이 놀이는 정초에 가장 성행한다.

유득공, 『경도잡지』, 「세시: 설날」

싸리나무는 민간에서 울타리를 두를 때 쓰던 평범한 재료였다. 이것을 깎아서 윷을 만들었는데, 콩윷은 이것을 미니 사이즈로 만든 것이다. 네 개의 윷이 떨어지는 모양을 보고 도·개·걸·윷·모로 부르는 것은 오늘날과 같다. 윷의 모양에 따라 말을 앞뒤로 움직일 수 있게 해서 게임의 특성을 강조한 것도 흥미로운 요소 중의 하나다. 다만, 요즘의 윷놀이와의 주목할 만한 차이가 있다. 오늘날과 달리 조선시대에는 설날에 윷을 던져 얻은 괘로 새해의 길흉을 점치는 풍속을 즐겼다는 점이다. 대개 윷을 세 번 던져서 64괘의 하나로 배정한 다음 앞으로의 조짐을 예언적으로 적은 요사(繇辭), 즉 괘의 풀이에 따라 점괘로 삼았다. 길괘(吉掛)에 해당하는 몇 가지와 괘의 풀이에 어린이가 등장하는 것을 몇 가지 소개해 본다.

윷점	괘	괘의 풀이
도-도-도	건(乾)	아이가 어머니를 만난다
개-걸-도	대장(大壯)	어린아이가 젖을 물다
모-걸-개	임(臨)	어린아이가 보배를 얻는다
모-모-모	곤(坤)	형이 동생을 만난다
묘-도-도	대축(大畜)	부모가 자식을 얻는다
도-도-걸	동인(同人)	어두운 밤에 불을 얻는다
걸-개-걸	점(漸)	가난한 선비가 녹을 얻다
도-모-모	췌(萃)	가난한 사람이 보배를 얻는다
개-도-개	규(睽)	장마에 해를 보다
개-모-모	예(豫)	용이 여의주를 얻는다

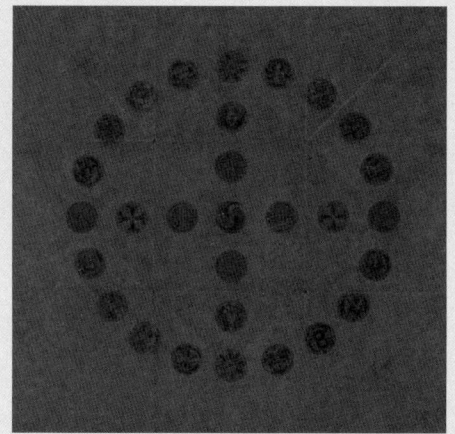

윷판, 20세기 초, 국립민속박물관

한 해의 길흉을 재미삼아 점치고, 주역의 괘 풀이를 응용했다는 점이 흥미롭다. 오늘날에 맞는 재미있고 창의적인 괘풀이를 만들어 윷놀이의 흥미를 더할 수도 있을 것이다. 이 놀이가 어찌나 재미있었는지, 설날이 지난 뒤에도 윷놀이를 멈추지 않았던 모양이다.

> 설날부터 보름까지 소년들은 서로 모여 윷놀이를 한다. 이것을 척사(擲柶)라고 부르기도 한다. 보름이 지나면 윷을 거두어 감추는데, 이날 이후로 계속하면 농사에 해가 되기 때문이라고 한다. "보름을 넘겨 윷놀이를 하면 벼가 죽는다."라는 속담도 있다.
>
> 김매순, 『열양세시기』, 「정월: 설날」

설이 지나도 윷놀이를 계속했기 때문에 보름을 넘겨 윷놀이를 하면 벼가 죽는다는 속담이 생겨날 정도였다. 놀이에 탐닉하면 흉작을 하게 된다는 뜻이다. 놀이와 일의 균형 지점을 찾아가고자 했던 지혜를 엿볼 수 있다. 윷놀이는 여럿이 둘러앉아 윷을 던지며 하는 놀이였기 때문에 기본적인 인원이 필요했다. 전자 기기로 혼자서 하거나 온라인으로 접속해서 하는 게임과는 분명 차이가 있다. 각 시대마다 놀이 문화의 장단점은 분명히 존재한다. 전통적인 놀이는 여럿이 함께 모여 소리 내고 움직이며 놀이하는 동안 신체적으로나 정서적으로 직접적인 교감을 나누며 정을 쌓아갈 수 있었던 자연스러운 공동체 문화의 일부였음은 분명하다.

대보름 놀이

설날의 놀이는 대개 대보름까지로 이어졌다. 앞에서도 본 바와 같이 윷놀이를 보름을 넘겨 하면 흉년이 든다는 속담이 생긴 것을 보면, 정월 대보름까지는 놀이를 이어가는 것을 허용했음을 알 수 있다. 크게 보면 설부터 대보름까지가 농한기의 커다란 휴식 기간이었고, 어린이의 겨울방학이나 다름없었다.

- 호로병 차기: 여자아이들은 나무를 깎아 청색·홍색·황색 등 색별로 칠한 후 채색실로 끈을 단 호로병(葫蘆甁)을 차고 다니다가 보름밤에 몰래 버림으로써 액땜을 한다.

유득공, 『경도잡지』, 「세시: 대보름上元」

- 호로병 차기와 연날리기: 10월 초부터 남자아이들은 연날리기를 하고, 여자아이들은 나무로 만든 작은 호로 3개를 차고 다닌다. 이듬해 정월 보름밤이 되면 가지고 놀던 연은 공중으로 날려 보내고, 차고 다니던 호로는 길에 버리는데 여기에 엽전 1전씩 매단다. 이를 방액(防厄), 즉 액막이한다고 한다.

김매순, 『열양세시기』, 「정월: 대보름上元」

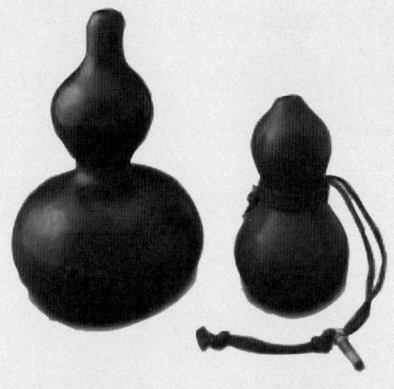

호로병은 액운을 막고 장수부귀를 가져오는 물건의 상징이었다.
호로병, 20세기 초, 국립민속박물관

- 연날리기: 아이들은 액(厄)자를 종이연에 써서, 해가 질 때 줄을 끊어 날려 보낸다. 연은 댓가지를 뼈대로 하고 종이를 풀로 발라 마치 작은 키처럼 만든다. 연의 종류로는 오색연, 바둑판연, 고양이눈연, 까치날개연, 물고기비늘연, 용꼬리연 등 이름이 특이하고 색이 번성하다. (……) 아이들은 연줄 싸움을 하다가 혹 끊어진 연을 쫓아 담을 넘고 지붕에 올라서므로, 사람들이 몹시 두려워하고 놀란다. 보름이 지나면 다시는 연 날리는 일이 없다.

  유득공, 『경도잡지』, 「세시: 대보름」

- 더위팔기: 부녀자나 아동들은 아침 일찍 일어나 친한 사람을 만나면 급히 부른다. 그 사람이 응답하면 곧 "내 더위 사라"고 한다. 불러도 지나가고 응하지 않으면 팔지 못하는 것이다.

- 다리밟기: 보름날 밤에 열두 다리를 걸어서 건너면 열두 달 액을 모두 없앨 수 있다고 하여, 재상과 귀인으로부터 여항 백성들까지, 늙거나 병든 사람을 제외하고는 모두 다리밟기를 하러 나온다. 가마나 말을 타고 오기도 하고, 지팡이도 짚고 나막신을 끌고 나오기도 하여, 거리가 사람들로 꽉 찬다. 악기와 술병이 사람들이 모인 곳마다 벌려 있다. 일 년 중에 도읍이 구경꾼들로 성황을 이루는 날은 오직 보름밤과 사월 초파일로, 이 두 날만은 매번 임금의 명으로 통금을 해지한다.

  김매순, 『열양세시기』, 「정월: 대보름」

옛 사람들의 장수를 축하하는 잔치를 수연(壽宴)이라 한다. 회혼례는 그중 하나이다. 회혼례는 혼인한 지 60년이 된 부부가 다시 혼례를 치르는 것을 말한다. 자식들이 번성하고, 부부가 최소 75세 이상 되어야 할 수 있기 때문에 가장 영광스러운 수연이라고 여겼다. 조선 후기 문인인 김평묵(金平默, 1819~1891)과 이유원(李裕元, 1814~1888)은 친척의 회혼례에 글을 써 주면서, 이것이 조선에만 있는 고유의 문화임을 강조했다. 회혼례는 건강, 가문의 번성, 부부의 백년해로, 장수, 인격적 성숙(德壽) 등 이른바 복을 갖춘 장수(福壽)의 상징으로서, 조선시대 사람들의 이상적 삶을 대변하는 의례였다.

김홍도, 「담와 홍계희 평생도」 중,
조선 18세기, 국립중앙박물관

옛 놀이에는 규칙과 의미가 있다. 즐겁게 함께 놀기 위해서는 지켜야 할 규칙이 있다는 것을 알고, 인정하고 지켜 가면서 어린이들은 사회생활의 규범과 약속, 계약과 원칙들을 자연스럽게 익히게 된다. 다양한 문양과 모양의 연 만들기와 연날리기, 연싸움을 통해서는 미적 감수성까지 익힐 수 있었다. 그뿐만 아니라 바람의 세기와 방향 감각을 통해 자연에 대한 감각도 배울 수 있었다. 놀이를 통한 세계 인식과 자연 관찰이 가능하던 시대였다.

이에 비해 호로병 차기 놀이는 여자아이들이 심리적·신체적 불안을 날려 버릴 수 있는 상징적 놀이였다. 나아가 남녀노소를 막론하고 열두 다리를 건너는 다리밟기 놀이는 세대와 성별, 신분의 경계를 잠시나마 뛰어넘어 대동적인 화합을 이루는 축제가 되었다. 한 해를 맞이하는 축제 속에도 어린이는 그들의 고유한 문화를 향유하는 분명한 삶의 주체였음을 확인할 수 있다.

행복한 나이 들기

새해를 맞은 어린이들은 한 걸음 더 새 삶으로 나아가고 신체적으로도 훌쩍 성장할 기회를 가진 것이다. 그 앞에 열린 날들은 모두 성장과 희망으로 가득하다. 그것은 어린이들에게 앞으로 남은 날들이 많으며, 그 많은 날들은 얼마든지 어린이의 노력과 의지에 따라 의미

있게 채워질 수 있다는 희망적 가정에서 출발한다. 어린이의 행복 요건에 외모나 경제적 조건, 학력 등의 잣대를 대는 것은 아무래도 지나친 폭력이라는 데 전적으로 동의하는 바이다. 자신의 노력에 의해서가 아니라 타고난 것에 의해 삶이 결정되지 않도록 하는 것, 개인의 의지보다 주어진 것이 삶에서 절대적 영향력을 발휘하지 않도록 하는 것이 사회의 몫이자, 어른의 몫이다. 무엇보다 어린이는 자신이 원하는 삶을 선택하고 살아가되, 그에 대해 사회적 동의와 지지를 얻어 사회적 인간으로서의 규칙을 익히고 제안하고 나누는, 사회 구성의 분명한 주체로서 지위를 인정받아야 한다.

마찬가지로 어른의 나이 들기 또한 자신이 원하는 삶을 생각하고 만들고 제안하고 나누면서 살아가는 행복의 주체가 될 때, 비로소 나이 들기의 무거움을 넘어서는 존재의 부력을 얻을 수 있는 것이 아닐까. '희망적인 어린이'란 어린이에 대한 상상력의 소산이다. 바꾸어 말하면 성장과 희망은 어린이만의 특권이나 전유물이 아니라 인간의 특권과 의지의 산물로 볼 수 있는 것이다. 삶을 풍요롭게 이어 나갈 에너지가 되는 상상력은 단지 어린이기에 한정된 능력이 아니다.

어떻게 나이 들 것인가를 생각하는 한, 사람은 누구나 자기 삶을 만들고 창조하는 주체로서의 자기와 대면하게 된다. 동안 열풍이 수많은 코스메틱 산업을 진작시켰다지만, 잘 나이 들기에 대한 사유는 한갓된 '힐링 산업'에 그칠 게 아니라, 각자의 가치관과 삶의 목표를 생각하고 이야기하며 연습해 보기를 요청하고 있다. 한 해를 넘기고 또 한 해를 맞이하는 일을 흥겹고 행복한 놀이와 축제로 만들었던 조선시대 문화를 통해 즐거운 나이 들기에 대해 생각해 보려는 것은 이 때문이다.

참고문헌

인터넷 한국고전번역원 사이트 www.itkc.or.kr

이덕무, 『국역 청장관전서』 6권, 민족문화추진회 옮김, 솔, 1997.

『소학』, 이기석 역해(譯解), 홍신문화사, 2008.

『동몽선습·격몽요결』, 성백효 역주, 전통문화연구회, 1998.

최한기, 『국역 인정』, 민족문화추진회 옮김, 1997.

장혼, 『아희원람』, 한용진·서범종 옮김, 한국학술정보(주), 2008.

정약용, 『여유당전서』, 민족문화추진회 옮김.

유재건, 『이향견문록』, 실시학사 고전문학연구회 옮김, 민음사, 1997.

유중림, 『증보산림경제』, 양홍렬·이승창 옮김, 민족문화추진회, 1985.

이지, 『동심설』, 김혜경 옮김, 한길그레이트북스, 2004.

『조선대세시기』 III, 정승모 외 옮김, 2007.

권오영, 「최한기 기학의 사상사적 의미와 위상」, 『대동문화연구』 45집, 성균관대 대동문화연구원, 2004.

노기춘, 「『山林經濟』 16志의 項目 分析」, 『서지학연구』 16, 서지학회, 1998.

안대회, 「다산 정약용의 아동교육론」, 『다산학』 18집, 다산학술문화재단, 2011.

염정섭, 「18세기 초중반 『山林經濟』와 『增補山林經濟』의 편찬 의의」, 『규장각』 25집, 서울대학교 규장각 한국학연구원, 2002.

이승환, 「조선후기 과폐(科弊)와 최한기의 측인학(測人學): 『인정』 「측인문」을 중심으로」, 『한국사상사학』 16집, 한국사상사학회, 2001.

이이화, 「홍만선: 서민을 위한 생활백과사전의 완성자」, 『이이화의 한국사』, 한길사, 2006.

임형택, 「전통적인 인문 개념과 정약용의 공부법」, 『다산학』 18호, 다산학술문화재단, 2011.

류상범·이병렬, 「증보산림경제의 기상학적 지식에 대한 평가」, 『한국농림기상학회지』 10권 3호, 2008.

이 책에 주요하게 언급된 고전

이덕무(李德懋), 『사소절士小節』 8권, 「동규童規: 행동과 처신動止·배우고 익힘敎習」

『소학小學』, 「명륜明倫: 부모와 자식의 관계父子之親」 「입교立敎」

이이(李珥), 『격몽요결擊蒙要訣』

최한기(崔漢綺), 『인정人政』 「측인문測人門」

───────, 『인정人政』 8권, 「교인문敎人門·1: 어린이를 가르치기 童子敎」

───────, 『인정人政』 11권, 「교인문敎人門·4: 어려서 문자와 산수를 가르친다幼敎文字算數」

정약용(丁若鏞), 『다산시문집茶山詩文集』 22권, 「천문평千文評」 「사략평史略評」 「통감절요평通鑑節要評」

『사략史略』, 「태고편太古篇」

강지(江贄) 편, 『통감절요通鑑節要』

이유원(李裕元), 『임하필기林下筆記』, 「춘명일사春明逸事: 일곱 살에 퉁소를 분 사람七歲吹簫」

송시열(宋時烈), 『송자대전宋子大全』, 「현주 이공의 신도비명(서문을 덧붙임)玄洲李公神道碑銘 幷序」

이식(李植), 『택당집澤堂集』, 「우부승지 매호 조공의 묘지명(서문을 덧붙임)右副承旨梅湖曺公墓誌銘 幷序」

조익(趙翼), 『포저집浦渚集』, 「의정부 좌의정을 지낸 시호가 문충인 이공의 행장議政府左議政 諡文忠 李公行狀」

권응인(權應仁), 『송계만록松溪漫錄』 상권

이항복(李恒福), 『백사선생집白沙集』, 「성균관 진사 최공의 묘갈명成均進士崔公墓碣銘」

이긍익(李肯翊), 『연려실기술燃藜室記述』 4권, 「단종조 고사본말端宗朝故事本末: 정난에 죽은 여러 신하殉難諸臣」

이익(李瀷), 『성호사설星湖僿說』, 「신동神童」

유재건(劉在建), 『이향견문록里鄕見聞錄』, 「충효忠孝: 동자 김중진童子金重鎭」

고시언(高時彦), 『성재집省齋集』

홍만선(洪萬選), 『산림경제山林經濟』

유중림(柳重臨), 『증보산림경제增補山林經濟』 11권·12권, 「가정家庭: 자손을 훈계함訓子孫·딸을 가르침教女兒」

정약용(丁若鏞), 『다산시문집茶山詩文集』 6권, 「밤에 누워서 무료하기에 장난삼아 시 열 수를 지어 우울한 마음을 풀어 본다夜臥無聊盧爲十絶以抒幽鬱」

송준길(宋浚吉), 『동춘당집同春堂集』, 「이씨의 아들 덕휘(德輝)에게書示李氏子 德輝. 戊寅」

이지(李贄), 『분서焚書』, 「동심설童心說」

유득공(柳得恭), 『경도잡지京都雜誌』 2권, 「세시歲時: 설날元日·대보름上元」

김매순(金邁淳), 『열양세시기洌陽歲時記』, 「기記」 「정월正月: 설날元日·대보름上元」

최기숙
한국고전연구자이다. 연세대학교 국어국문학과를 졸업하고, 같은 대학원에서 박사학위를 받았으며 현재는 연세대학교 국학연구원의 HK교수이다. 고전 텍스트를 현대 문화와 소통시키기 위해 고전의 현대적 번역과 비평 작업을 하고 있다. 지은 책으로『어린이 이야기, 그 거세된 꿈』『어린이, 넌 누구니?』『처녀귀신』『문밖을 나서니 갈 곳이 없구나-거지에서 기생까지, 조선시대 마이너리티의 초상』『환상』『남원고사』(공저) 등이 있다. 어린이·여성·중인·벼슬하지 않은 선비 등 전통 시기 소수자 문화에 관한 논문을 여러 편 썼으며, 현재는 한국문학과 문화의 감성구조에 대해 연구하고 있다.

열린어린이 책 마을 06

조선시대 어린이 인문학

조선 지식인이 그린 어린이 문화 지도

최기숙 지음

처음 펴낸날　2013년 4월 3일
다시 펴낸날　2014년 8월 25일

펴낸이 김덕균 ｜ 펴낸곳 열린어린이
만든이 편은정, 이지혜, 윤나래 ｜ 꾸민이 허민정 ｜ 관리 권문혁, 김미연
출판등록 제2014-000075호 ｜ 주소 서울시 마포구 동교로 221 2층
전화 02)326-1285 ｜ 전송 02)325-9941 ｜ 전자우편 contents@openkid.co.kr

글 ⓒ 최기숙, 2013

ISBN 978-89-90396-95-2　03910　값 15,000원

* 이 저서는 2008년도 정부재원(교육과학기술부 학술연구조성사업비)으로
  한국연구재단의 지원을 받아 연구되었습니다.(NRF-2008-361-A00003)

이 책은 저작권법에 따라 보호받는 저작물이므로 무단 전재와 복제를 금합니다.
이 책 내용의 전부 또는 일부를 재사용하려면 반드시 열린어린이의 서면 동의를 받아야 합니다.